Z世代はなぜ
すぐに辞めるのか?

優秀な若者が辞めない会社・上司のルール

20代専門転職アドバイザー／ヘッドハンター
泉澤恵一朗

朝日新聞出版

はじめに

売り手市場でも、Z世代は焦っている

現在29歳でZ世代のわたしは、Z世代に特化した採用支援と、Z世代の転職支援の両方を行う会社を経営しています。大阪で、この会社を立ち上げたのは24歳のときで、**それからずっと、Z世代と上の世代の「懸け橋」になるべく突っ走ってきました。**

Z世代から受けた就職・転職の相談の数は、優にのべ2000件を超えています。と同時に、2023年度の業績は前年比およそ300%、2024年度も前年比およそ150%と着実に伸びていますから、Z世代の採用で悩みを抱えた企業がたくさん存在していることも肌感覚として実感しています。

わたしがこの仕事を始めたのは、大学卒業時に、採用支援の大手企業「インテリジェンス」(現・パーソルキャリア)に就職できたことの影響がかなり大きいです。

当時もいまと変わらない売り手市場だったにもかかわらず、わたしの就職活動は大いに難航しました。漠然と「スキルを身につけて、いつか自分で起業したい」と考えていたことを見抜かれていたのか、わたし自身が思い描いていた希望と、企業側のほしい人材像がなかなか一致せず、不合格通知をもらい続ける毎日でした。そんな中、「インテリジェンス」に採用してもらうことができ、わたしは採用支援という仕事に携わることになり、そのご縁がいまも続いています。

ただ、先述のとおり、24歳で起業していますから、たった2年ほどで「インテリジェンス」を辞めています。なぜか?

それは、わたしが焦りまくっていたからです。

焦っていた理由については、この本の中で詳しくご説明していますが、**じつは、この「焦っている」というのが、Z世代が持っている大きな特徴の一つです。**

わたしの場合は、その焦りが結果的にプラスに作用して、起業というかたちに結びつきました。でも、運がよかったとも思っています。実際、入社1年ほどの時点ですでに「退職したい」と言い出していたわたしをなだめて、引き留めてくれた上司がいなかったら、いまのわたしは間違いなくいなかったです。本当に感謝しかありません。

そんな経験も、わたしがZ世代特化型の事業を推進する原動力になっています。転職相談を行っていると、当時のわたしが思い描いていたかのような理由で辞めたいという話をたくさん耳にするからです。売り手市場だから、何とかなると思ってしまいがちなのです。もちろん、安易な転職はおすすめしていません。採用する側、される側、どちらにとっても、何もよいことがないというのが、その理由です。

Z世代が会社をすぐに辞めるのは、どちらか一方が悪いというのではなく、それぞれに原因があり、課題があると思っています。だからこそ、「懸け橋」という言葉を使っています。

Z世代に特化した採用支援と、Z世代の転職支援という2つの事業を行っていて、日々考えさせられるのは、「企業も、Z世代も、お互いに手に入らないものを求めすぎなのではないか」ということです。企業側からの要求としては、この間まで学生だったビジネススキルを持たないZ世代に求める要件が高すぎますし、Z世代からの要求としては、苦労せずに活躍できる環境を与えてほしいという理想が高すぎます。

これから、Z世代がすぐに会社を辞める理由と対策をご説明していきますが、なかには、そんなことまでやらないといけないのか、ということも出てくるのではないかと思います。ただ、Z世代を理解し、永続的な教育とコミュニケーションを始めなければ、これからの企業に未来はありません。また、採用する側とされる側の意識のズレが解消されず、このまま採用のミスマッチが続けば、日本の国力が衰退していくことは火を見るよりも明らかです。

本書を、Z世代の声に耳を貸し、ともに歩んでいく前向きな取り組みの一助としていただけましたら、この国に生きるZ世代の一人として、こんなにうれしいことはございません。

2025年2月　**泉澤恵一朗**

Contents

第1章 Z世代が3年経たずに会社を辞めてしまう理由

第2章 【ポイント1：映え】Z世代は全員がSNSユーザー。その心理を理解する

第3章【ポイント2：成長】

「この会社ならスキル・経験が得られる！」と思える環境づくり

第4章 【ポイント3：やりがい】

「誰かのために仕事をしたいZ世代」を惹きつける目標づくり

第5章 「この会社なら仲間と社会に貢献できる！」と思わせるチームづくり【ポイント4：仲間】

STAFF

【企画協力】

松尾昭仁(ネクストサービス)

【編集協力】

高橋和彦

【カバーデザイン】

山之口正和＋齋藤友貴(OKIKATA)

【本文デザイン】

若松綾(Isshiki)

第1章

Chapter 1

Z世代が3年経たずに会社を辞めてしまう理由

1-1 採用時と入社後の認識のズレ「思っていたのと違う」で辞める

「新入社員の3割が3年以内に会社を辞める」と言われるようになって久しいですが、もちろん、Z世代にもその傾向は当てはまります。わたし自身、新卒2年目に退職しました。なぜわたしを含め、彼・彼女たちはそんなにも早く、せっかく入った会社に見切りをつけてしまうのでしょうか。

大きな要因は「リアリティ・ショック」と言われています。**リアリティ・ショックとは、報酬や昇進、仕事のやりがい、働きやすさなどについて、入社後に感じる入社前に抱いていたイメージとの齟齬《そご》のこと。要は「思っていたのと違う!」という驚き、戸惑いです。**

パーソル総合研究所とパーソルキャリア(CAMP)の2019年の共同調査「就職活動と入社後の実態に関する定量調査」によると、リアリティ・ショックを感じた新卒の社会人(入社1年目~3年目及び入社3年以内の離職者)は76・6%に及びます。

実際、わたしが出会ったZ世代の新入社員のほとんどが、会社で働き始めた瞬間に「働くって、こんな感じなんや」とか「思ってたんとちゃう」とか「うわっ、しんど」とか、何らかのショックを受けている印象です。

同じ共同調査によれば、入社前のイメージと違うと感じた中身で割合が高いのは「給料・報酬の高さ（37・4％）」、「昇進・昇格のスピード（31・9％）」「仕事で与えられる裁量の程度（31・5％）」、「仕事から得られる達成感（31・3％）」という順になっています。

要は「安くて、つまらない！」ということですが、共同調査には、学生（4年制大学及び大学院〈博士課程は除外〉）の86・2％が「仕事を通じて成長したいと思っている」のに対して、「成長を実感できている」という新卒の社会人は64・6％。学生の79・3％が「働くことを楽しみたいと思っている」のに対して、「楽しめている」という新卒の社会人は35・3％。そんな数字もあります。

これも、わたしが知っているZ世代の言い分や実感と共通しています。わたし自身の退職理由も主に「給料・報酬の高さ」、「昇進・昇格のスピード」、「仕事で与えられる裁量の程度」に対する不満でした。ひと言で言うと「会社がおもんなかった」からです。

要するに、ほとんどのZ世代は学生のうちは前向きだけれども、実際に会社で働き出したとたんがっかりして、後ろ向きになってしまい、3割が3年以内に会社を辞めてしまうのです。

「それにしても、3年は早すぎる」と感じる先輩方も多いと思いますが、Z世代の感覚は、

むしろ「3年は遅すぎる」なんです。

たとえば、わたしは1年9カ月、新卒で入った会社に勤めていました。辞めるときに思ったのは、「めっちゃ長かった、オレよく頑張ったよな」ということです。実際、周りには3カ月とか、1年以内で辞めた人がたくさんいました。

彼・彼女らが辞めた理由は「もっと稼ぎたい」や「もっと早く上に行きたい」というのが多かった印象です。わたし自身も「社長業をやりたいし、営業のスキルは完璧に獲得したから、もういいわ」と、1年9カ月で辞めました。

ただ、営業に飽きてきた2年目に、キャリアチェンジの希望を人事に出したりしました。けれども、「1年後か2年後」と言われて、「うわー、あと1年は耐えられへん、長すぎる」と、結局、踏ん切りをつけたわけです。

「一日職場体験」でもリアリティ・ショックは軽減できる

同じリアリティ・ショックと言っても、3カ月といった爆速で辞める人には「自己分析不足」という特徴があります。

自分の強み・弱み、好きなこと・嫌なことなどがきちんと言語化されていなくて、何となく会社に入ってしまうと、「全然違った」ということが起こりがちです。

たとえば、ずーっと同じことをするのが得意な人と不得意な人がいます。わたしはいろいろなことをしたいタイプで、同じことをひたすらやるというのが非常に苦手です。なので、就活の自己分析のときから、自分はあれもこれもやる外回りの営業向きと考えていました。実際、入社して営業職についてみて、その辺の「しんどさ」はまったく感じませんでした。

逆に、ずーっと同じことをするのが得意なタイプが営業に配属されて、あれもこれもやらされたら、やはり「しんどい」と感じて当然です。

先ほどの共同調査でも、入社前に「会社の仕事に対する自分自身の向き・不向き」を理解していなかった人たちのほうが、理解していた人たちよりもリアリティ・ショックを受けやすいという結果が出ています。その意味では、リアリティ・ショックは「本人の問題」とも言えます。

また、会社側が新入社員の入社後にそれぞれの向き・不向きを見極めて配属したらいいという考え方もあります。しかし、それだと非常に手間がかかります。そもそも、そうならないように多くの会社が一定の要件を満たす人を採用しているはずです。それでもリアリティ・ショックを受ける人がいるし、それによって3年以内で辞める人がいるわけです。

もちろん、3年以内で辞める新入社員がゼロという会社もあります。 わたしの会社もその一つですが、そういう会社が何をしているかというと、大きな共通点は「インターンシップ」です。つまり、学生の職場体験を充実させています。それによって会社や仕事、本人の得意・不得意に対する理解は大幅に深まります。

なかには「新卒採用は全員インターン生」という会社もあります。これには「リアリティ・ショックがないから、すぐに辞めない」という理由だけでなく、「即戦力」という意味合いもあります。

何も3カ月に及ぶような長期のインターンである必要はありません。「一日職場体験」でも効果はあります。 たとえば、大阪の不動産会社「大和財託」は選考フローの中に一日職場体験を設けています。目的は、同僚や先輩と一緒に働く感覚を学生に知ってもらうこと。職場のデスクに座っているだけでも、ここなら働けそうとか、ある程度わかるわけです。

大和財託は年商200億円くらいで、若い社員が多く、かなり離職率の低い会社です。SNSをうまく活用して情報発信をしていて、たとえば、社長さんは人気YouTuberなんです。それで、社員の給与や賞与のルール（どれくらい分配するか）について説明したり、上場企業じゃないのに決算を発表したりしています。一日職場体験も含めて、透明性が高いことがZ世代の採用につながっているのでしょう。これまで、わたしの会社からZ世代の学生を30人ほど紹介しましたが、やはり評判は上々です。

要するに、3年以内で辞める新入社員がゼロという会社は、インターンシップや積極的な情報公開を通じて透明性を高め、会社の本当の姿を採用前にきちんと理解してもらうことで、入社後にリアリティ・ショックやいわゆるミスマッチが起こらないようにしているのです。

そして、このリアリティ・ショックを軽減し、Z世代が辞めにくくするために求められるのが、次節で紹介する４つのポイントです。

1-2 Z世代が辞めない会社のポイントは「①映え、②成長、③やりがい、④仲間」

基本的に「とにかくほめられたい」のがZ世代です。特にSNSで、みんなに「すげぇ」と言われたい。要は「承認欲求」が強いのです。なので、Z世代の中では「縁の下の力持ち」は死語になっています。誰もが「自分が主役」と思っています。

そんなZ世代が入りたい、勤め続けたいと思うのはどんな会社か。ひと言で言うと「誰かに自慢したくなる会社」です。

たとえば、大和財託なら「社長がYouTuberって、すごない？」と自慢できます。わたしも最近、若者の就職・転職に関するコメンテーターとしてテレビに出たりしますが、うちの社員は「おまえんとこの社長、ほんますごいって、みんなからめちゃめちゃ言われます」と、うれしそうに報告してくれます。

ただし、大事なポイントは「SNSで自慢できる」ということです。その点、YouTuber社長やコメンテーター社長はうってつけと言えます。「これ、うちの社長」と動画をアップしたら、いかにも「すげぇ」と言われそうじゃないですか。そういう意味では、料理など趣味の個人アカウントを作って発信している上司とかも、Z世代の好感度は高いです。

さて、Z世代がSNSで自慢したくなる会社、つまり、Z世代がSNSでほめられると思っている会社は、具体的にはどんな会社でしょうか。4つのキーワードに集約できます。それは「①映《ば》え、②成長、③やりがい、④仲間」です。

追々と詳しく説明していきますが、わたしが知っているZ世代が長く勤め続けている会社は、わたしの会社も含め、この4つをきちんと社員に提供し続けています。

Z世代が最も重視しているのは、自分の「成長」

ここで強調しておきたいのは、4つのキーワードのうち、どれか1つが欠けてもZ世代は会社を辞めてしまうということです。たとえ、スキルアップなど自分の成長や仕事にやりがいを感じていても、支えてくれる仲間がいないと辞める。あるいは、どんなに素敵な仲間がいて、世の中のためになる仕事であっても、自分自身の成長を感じられなければ辞める。Z世代ではこうした事態がわりと簡単に起こります。

①映えは、少しわかりにくいと思うので説明しておきましょう。映えとは「ビジュアル」のこと。たとえば、オフィスや会社のホームページ、社長や社員のSNSなどです。いわゆる見栄えのことですから、他の②成長、③やりがい、④仲間のような中身に比べると、それほど重要ではないと思えるかもしれません。

しかし、**Z世代はSNSにどっぷり浸かっていて、その影響を大きく受けています。**なので、たとえば、自分のSNSに「こんなところで働いているよ」とオフィスの画像をアップしたときに映えるかどうか、つまり、SNSで自慢できるビジュアルかどうか、すごく気にするわけです。映えないオフィスだと、そもそも入社しないということが起こります。会社のホームページや、社長や社員のSNSも、同じように、映えているかどうかが入社の判断材料の一つになります。

つまり、入社後に②成長できて、③やりがいがあって、④仲間がいても、映えない会社だと、それが不満でモチベーションが下がったり、さっさと辞めて映える会社に移ったりするZ世代も出てくるのです。

とはいえ、**Z世代が会社を辞めるか辞めないかという判断をするとき、やはり「①映え、②成長、③やりがい、④仲間」には優先順位があります。最も重視するのは、じつは「②**

成長」なんです。

基本的にZ世代は不安を抱えています。それは、簡単に言うと「この先、どうなるかわからない」という不安で、「明日、会社が潰れるかもしれない」と考えています。なので、たとえ今いる会社が潰れても他社で働ける、あるいは独立して稼げる人間に早くならないといけない。そのためには「絶対スキルがいる」と強く思っています。

Z世代にとって一番の成長は、自分自身のスキルを高めることです。ただし、スキルを身につける過程で世のため、人のためになるといった意義、つまり「③やりがい」が感じられないと、Z世代はそのスキル自体を「こんなん、無駄やん」と途中で見切ってしまいます。

また、スキルを身につける過程は精神的にも肉体的にもしんどいものです。いわば成長痛をともないます。なので、しんどい、痛い思いをしている自分を支えてくれる仲間がいないと、これも「こんなん、無理やん」と投げ出してしまうのです。

実際、「このままこの会社にいても成長できない」といった不満を口にするZ世代の話をよく聞いてみると、「③やりがい」や「④仲間」に問題がある場合が少なくありません。

先に、Z世代が辞めない会社は「誰かに自慢したくなる会社」と言いました。要するに、**映えるビジュアルだけでなく、成長できる環境に身を置いている、やりがいの感じられる**

仕事をしている、素晴らしい仲間と働いているというのが、Z世代にとっては鉄板で自慢できる事柄です。

つまり、①映え、②成長、③やりがい、④仲間の4つが全部そろっている会社がZ世代にとっての「イケてる会社」「キラキラしている会社」なんです。こういう会社であれば、Z世代は3年以内で辞めたりしないわけです。

イケてる会社で働いている自分に対して「いいね!」がほしい

わたしは新卒で入った会社で求人広告の営業の仕事をしていましたが、3年どころか、1年9カ月で辞めています。なぜそんなに早く辞めたのか。成長とやりがいを感じられなかったからです。

いま思えば、視野が狭かったなとも思うのですが、当時は、身につけるべきスキルに関して適切にマネジメントしてもらえているとは感じられず、ずっと「一生、この仕事すんのかよ、異動したい、ほかのことやりたい」と悶々《もんもん》としていて、最後のほうは「ここで学ぶことはもう何もない」と本気で思っていました。

仕事に社会的意義も見出せなかった。ただしこれは、仕事そのものに社会的意義がなかったと言いたいのではなく、あくまでもわたしが「見出せなかった」だけです。たとえば、予算を達成するためには、求人広告をお客さんに無理やり売りつけないといけないと思い込んでいて、それがたまらなく嫌でした。

ただし、同期がすごくいい仲間でした。わたしの場合、仲間がいたおかげで1年9カ月も同じ会社にいられた、という言い方のほうが合っているかもしれません。

また、オフィスも相当きれいで映えていました。資金力がある会社なら、大企業にしてもベンチャーにしても、オフィスやホームページ、SNSといったビジュアルに投資しています。さらに福利厚生なども充実しています。わたしが新卒で入った会社もそういう会社でした。

「誰かに自慢したくなる会社」という意味で言うと、わたしが1年9カ月で辞めたのは、SNSに「こんなイケてるオフィスで、キラキラしている同僚と働いてるよ」とは投稿できても、「こんなスキルが身について、お客さんのためにいいことしてるよ」とは、もう投稿できなくなったからなんです。

先ほど、基本的にZ世代は「承認欲求が強くて、自分が主役」と言いました。要は、**イ**

ケてる会社で働いている自分に対して「いいね！」がほしいわけです。

イケてる会社と言っても、Z世代の場合、たとえば、会社の業績にはあまりこだわりません。わたし自身、1年9カ月の間、一切見ていませんでした。入社したのが業績が下がっていた時期なので、気にしてもしょうがなかったし、後半は「どうせ辞めるし」とも思っていました。

また、求人広告の仕事に「社会的意義を見出せなかった」と言いました。これも、いま考えると、承認欲求が充足されていないことに対する不満です。たとえば、営業成績がよくて周りからほめられたり、人を採用できたお客さんに「ありがとう」と言われたり、同じお客さんからもう一回広告を発注してもらえたりしているうちは、それで、十分にやりがいを感じていました。つまり、世のため、人のためになっていると思っていたわけです。

でも、求人広告を見たお客さんから「うわ、これ違うな」とか「おまえらは採用できへんかって倒産せえへんけど、うちら倒産すんねんで」とか、そういうネガティブなことを言われたとたん、めちゃくちゃ会社を辞めたくなって、急に「この仕事に社会的意義はあるんか」と、悩み出しました。

周りやお客さんにほめられたときは、うれしくて楽しくて仕方がない。けれども、いざ怒られたら、ものすごく不満を感じる。これは、やはり承認欲求の作用と言えます。それで、「こんな会社ダメじゃん、オレ、何やってんねん」と、ある意味、キレる。これは、わたしに限らず、Z世代の特徴です。

承認欲求が強いあまり、否定されると傷ついた感をすごく持つ。そのうえ、Z世代は怒られ慣れていなくて、ネガティブ耐性も低い。いま振り返ると、そこまでキレることでもなかったと思えるのですが。

Z世代はこうした傷ついた感をSNSで拡散します。「聞いてくれよ、こういうことを言われてさ」と。傷ついた自分も承認してほしいからです。すると、「わかる、わかる。自分も言われたことある」という反応が返ってくる。わたしの場合、よく居酒屋で同期に愚痴っていましたが、「確かにな」と言ってくれるわけです。それもあって「ダメな会社だ、さっさと辞めよう」という気持ちが凝り固まっていくんです。

1-3 「やりがいを感じたい」「成長したい」がZ世代のエネルギー源

Z世代は自分を棚に上げて、「お客が悪い」とか「会社が悪い」とか、すぐに周りのせいにする「他責」の傾向があります。一方で、「やりがいを感じたい」とか「成長したい」という思いも強い。つまり、そういう願望の裏返しが他責的な不満というわけです。

じつは、こうした願望、あるいは不満はZ世代のエネルギー源にもなります。わたしの場合、それをいわば燃料にして、離職後すぐに起業に突っ走ったのですが、Z世代のやりがいや成長に対する願望は、会社に勤め続けるエネルギー源にもなります。要は、**やりがいや成長を社員みんなで共有することがすごく大事なのです。**

わたしの会社には、わたしも含め、Z世代の社員が40人ほどいます。なので、こうしたZ世代の特徴を考慮して、会社の事業の社会的意義やこの仕事を通じての成長といった「ポジティブな話」を、全社員が集まる機会に必ずするようにしています。Z世代がどんどん辞めていく会社では、その手の話が社員に共有されていない印象です。

そうした下地があると、Z世代の他責的な不満をプラスに転換できます。たとえば、いわゆる日々の「1on1（ワン・オン・ワン）」の機会に、「あのお客さんとは、もう仕事したくない」といった不満が出たら、「それでも、やったほうがいいやん、なぜなら……」と、やりがいや成長にからめてきちんと説明する。すると、共有している「ポジティブな話」も顕在化して、仕事に対するモチベーションがまた上がるわけです。「あー、やっぱイケてる会社で働いているんだな、やり続けよう」と。

ただし、Z世代の会社に対するポジティブな認識は、ある意味、一瞬です。なにせマイペースでわがままなので、すぐにその認識がどこかに行って、どうしても他責的になってしまいます。なので、**全社的な集まりでも、1対1の面談（1on1）でも、繰り返し丁寧に説明して、ポジティブな認識を共有する必要がある**わけです。

Z世代は「マイペースでわがまま」と言いました。それでいて「仲間」を強く求めています。Z世代が会社の中で仲間だと思えるのは、一緒に泥水をすすっている、一緒に大変な思いをしている、自分と同じように頑張っている人です。なので、年齢の上下は関係ありません。そういう社員とは、仕事がうまくいったときに喜びを分かち合えます。仕事のまじめな議論もできるし、プライベートな雑談もできるので、一緒に飲みにも行けるし、一緒に旅行にも行けます。

Z世代は承認欲求が強いので、SNSで「いいね！」を求めると言いました。でも、それだけでは満たされない。**やはりリアルの中で、一緒に同じ目標に向かって走っている仲間がほしい**のです。なので、SNSの「いいね！」と同じように、同じ職場の社員でも、自分を認めてくれる人じゃないと仲間とは思いません。たとえば、わたしは辞めた会社の35歳の上司を仲間だと思っていました。それは、わたしの愚痴を「わかるよ」と、すごくよく聞いてくれたからなんです。

また、Z世代は仲間を大切にするので、会社を辞めたいと思っても最終的に「仲間がいるから」と辞めない選択をするケースも少なくありません。**結局は、自分の大変さを仲間と分かち合いたい**わけです。なので、わたしの場合、会社の創業メンバーとの間に圧倒的に仲間感があります。それは、一番しんどかったときに一緒に頑張って、支え合ったからです。

目標達成には「自分たちならできる」という仲間感が不可欠

人間は基本的に目標を達成できないと自信をなくします。**特にZ世代社員は自分の業績**

目標を達成できないと、必要以上に落ち込んで、やる気をなくしがちです。

わたしの会社では、そういうZ世代に対して、「目標を達成するために、仲間がおるんやろ」という話をするようにしています。

たとえば、目標未達の社員に「周りに仲間がこんだけいるやろ、相談したんか？」と尋ねると、「していない」という答えが返ってきます。つまり、目標未達の社員はSOSを出していないんです。それで「○○に聞いたらよかったやん」という話になります。「オレらずっと一緒におるやろ、何であのとき、言わなかったん？　周りを使いこなせてなさすぎるやろ？」と。すると、「目の前のことに必死になりすぎて、それができなくなっていた。今度からは早めに相談する」と、本人が仲間の存在にあらためて気づいて、前向きに反省して、またやる気になるわけです。

目標未達の社員がSOSを出しやすくするためにも、仲間感が大事です。その意味では、この会社には目標達成をサポートしてくれる仲間がいるという実感があれば、社員としての目標を達成できるという言い方もできます。つまり、会社としての目標を達成するためには「自分たちならできる」という仲間感が不可欠なのです。

ちなみに、Z世代にはマンガ、アニメの『ONE PIECE』が大好きな人がけっこういます。結局、「仲間が大事」というテーマに共感しているんです。なので、仲間づくりに「やりがい」さえ感じます。

Z世代の「やりがい重視」については先ほど述べましたが、Z世代は、世のため人のためという社会的貢献にプラスして、そこに仲間がいないと、十分なやりがいを感じることができないとも言えます。

1-4 SNSで「隣の芝生が青く見える」とすぐに辞めたくなる

Z世代でInstagramやX（旧Twitter）などのSNSをやっていない人は、ほぼゼロでしょう。みんなアカウントを持っていて、投稿はしていないけれども、友だちとかとつながっていてストーリーなどを見ていたりする。少なくともそういう状態にあります。

SNSはアルゴリズム上、発信力の大きいキラキラしている人が上のほうに表示されます。知り合いのストーリーなどを見ると、最近、何をしているかがわかります。「誰でも1億円稼げる」とか「いますぐ起業できる」といったおいしい話の広告もどんどん入っています。

これが「隣の芝生」なんです。たとえば、大阪で言うと、グランフロント大阪とか大阪マルビルといった高層のオフィスビルで働いている友だちが、イケてる風景写真に「今日も仕事、頑張るぞ」とコメントを添えて投稿している。それを見て、「いいよな〜、それに比べて……」と、すぐいまの自分の状況と比較して、うらやましがったり不満を持ったりします。

Z世代は、そういう「青く見える」隣の芝生をSNSで常に見ています。直接の知り合いに限らず、友だちの友だちの投稿も同年代のインフルエンサーの投稿も広告も、「いいな～」とうらやましがって自分と比較する対象になっています。要するに、**Z世代は「このままこの会社にいたら、自分ヤバいかも」という、いわば恐怖に常にさらされている**わけです。

たとえば、わたしの会社のZ世代の社員が、17時の終業前にデスクでビール片手に「お先に」と言っている動画をストーリーに投稿したことがあります。すると、すぐに「この時間でビール飲めんの？　マジ？」とか「うわー、そういう働き方いいよな」とか「オフィスめっちゃきれいじゃん」といったコメントが友だちたちから寄せられました。いまの会社に何か不満があるから、そういうことでもうらやましがって、「辞めたい」という思いを強くしたりするのです。

もちろん、「このために自分はこの会社で働いている」という目的意識が強固であれば、多少不満があっても、「このためだから乗り越えよう」とか「この経験を自分の血肉にしていこう」とか「こう改善していこう」とか、自分なりに意義を見つけて勤め続けるでしょう。

しかし、Z世代は基本的に目的意識がそれほど強くありません。なので、すぐ隣の芝生が青く見えて、あっさり会社を辞めます。わたしも、何となく会社を辞めようと考え始めたとき、保険の営業をやっている友だちの「ＢＭＷ、買いました」というＳＮＳの投稿を見て、すごく悔しくて、「ああ、オレ何やってんだろう」と、ますます辞めたいと思うようになりました。

ただ、わたしの場合、同期がすごく仲がよかったので、「こんな仲いい会社、他にないやろ」という、給料自慢に対して仲間自慢でマウントを取るような投稿もしていましたが。

「辞めたい気持ち」を刺激するSNSの投稿や広告

Z世代はＹｏｕＴｕｂｅやＴｉｋＴｏｋからも影響を受けます。たとえば、何か資格取ろうかなと思うと、まずＹｏｕＴｕｂｅにアップされている入門講座を見たりするわけです。わたしも入社1年目から、本の要約のＹｏｕＴｕｂｅをよく見ていました。昼休みでご飯を食べているときにも見たりして、その感想をＳＮＳに投稿するといったいわば自己研鑽《けんさん》をやっていました。

そういうＹｏｕＴｕｂｅには「この資格があれば自由に働ける、いますぐこのスクールにアクセスを！」とか「いますぐ起業できます、人生を変えられます！」みたいな広告が入ってきます。そういう広告を見ると、「いまの会社で頑張るよりも、そっちに行くか」と考え始めたりするわけです。

Z世代は、SNSで「いいな、キラキラしているな」と感じると、まったく面識のない人であっても、すぐにつながろうとします。たとえば、わたしのSNSにも見ず知らずのZ世代からしょっちゅうDMがきます。実際、速攻でつながれることもあるわけです。なので、会社を辞めることに関して、影響を受けるのはキラキラしている友だちとは限りません。それこそ、わたしのような同年代の社長がキラキラしていて、会社もイケイケだったら、DMを1本送って会って、相談して辞めるというパターンもありえます。

Z世代のSNSには「つながっているマウント」というのがあるんです。たとえば、わたしの投稿で言えば、Z世代に大人気の格闘技イベント「BreakingDown」のCOOの溝口勇児さんとお話する機会が最近あって、そのときの写真をアップして、個人的なつながりをアピールしてみました。すると案の定、「いいな〜」というコメントが殺到しました。つまりSNSでは、キラキラしている人と知り合いというだけでマウントを取れるわけです。別に有名人じゃなくても、たとえば「GAFA《ガーファ》の友だちがいる」というだけでも、ある程度マウントを取れるはずです。

さて、Z世代にはどういう人がキラキラして見えるのでしょうか。いまいる会社ややっている仕事、個人的な趣味趣向、価値観などによって変わりますが、一般的には金持ちの人、自由な人、言動に信念や芯のある人、ユニークな経験をしている人。経営者であれば、イケてるミッションやビジョン、スピード感、清潔感が大事です。

このキラキラの話は、Z世代が辞めない会社のポイント「①映え、②成長、③やりがい、④仲間」にも当てはまります。

たとえば、イケてるオフィスであっても、社長に清潔感がなかったら映えません。成長は早ければ早いほどどいい。それこそ日々スキルが上がっていく実感がないと、どんどん会社生活がくすんでいきます。

やりがいは、まさにミッションやビジョンです。世の中をよくするために、こんないい事業をやっているときちんと認識していれば、会社がキラキラして見えるわけです。仲間は、ミッションやビジョンを達成するために一緒に頑張っている同僚ですから、自ずとキラキラして見えるでしょう。

自己研鑽している自分をSNSでアピールしたい

自己研鑽したことをSNSで発信するというのもZ世代の特徴です。先に述べたように、わたしも入社1年目から呼吸するように発信していました。会社が休みの日にカフェに行って本を読んでいるところを自撮りして、ストーリーにアップしたりもしました。最初は発信していなかったけれども、自己研鑽をして発信していた知り合いの投稿を見て「かっけえな」と感じた瞬間に「自分もこうなりたい」と思って、それが自然と習慣になっていきました。

基本的にZ世代の発信はわたしと同じパターンです。なので、わたしの投稿を見て「いいな」と思った人は真似《まね》をするはずです。そういうかたちでZ世代の発信は増えていくわけです。

繰り返しになりますが、Z世代は承認欲求が強いのです。それはSNSを通じてだいぶ顕在化されていますが、まだ氷山の一角です。Z世代の発信はこれからもどんどん増えていくでしょう。

1-5 「この仕事が一生続くの!?」と、先が見えない現状に焦っている

わたしは「この仕事が一生続くのか、そんなの嫌だ」となって、結局、会社を辞めました。要は、先が見えなくなったんです。たとえば、昇給、昇格が見えなかった。給料にしろポジションにしろ、いつまでにどういう状態になったら上がるという具体的な「先の約束」があれば、もっと長く勤めていたでしょう。しかし、「もう営業のスキルはマスターした」と思って、「早く次へ行こう」と決めました。

いま振り返ると、我ながら焦りすぎだったと思います。じつは、わたしに限らず、Z世代は常に焦っています。焦っているから、すぐに「先が見えない」と感じるし、3年以内で会社に見切りをつけてしまうのです。

昇給や昇格、スキルの獲得ということで言えば、客観的に見たら全然早い人でも「遅い」と不満を口にします。**つまりZ世代は、それこそ爆速でスキルを身につけて昇給、昇格したいと思っているわけです。**

なぜ、Z世代はこんなにも焦っているのでしょうか。ベースには将来に対する不安があ

ります。

たとえば、ＳＮＳで「副業の解禁」にまつわる投稿を見ても、「会社が自分のキャリアとか将来とかに責任を持たへんと言《ゆ》うてる」と思い、「会社を放り出されても、一人で稼げる状態に早く成長せなあかん」と焦る。あるいは「年金の破綻」にまつわる投稿を見ても、「国が自分の老後に責任を持たへんと言《ゆ》うてる」と思い、「年金がなくても生きて行けるように早くお金をためんとあかん」と焦ります。他にも、戦争や地球温暖化などのネガティブなニュース、あるいは陰謀論的な情報に対して抱く、「このままじゃダメだ」という漠然とした不安も焦りにつながっています。

そして、先に述べたように、ＳＮＳで見る「隣の芝生」が焦りを増幅、加速させる大きな原因になっているのです。

わたし自身は、会社を経営するようになってから焦りはだいぶなくなってきました。ただ、わたしの会社にいるZ世代は、みんな焦っているように見えます。「もっと早く上に行きたい」と思っていて、その分、仕事に飽きるのも早いのです、「もうできるようになったから、早く別の仕事をしたい」と。

Z世代は理由や目的を全部、説明してほしいと思っている

こうしたZ世代の焦りを解消するには、会社の仕組みとして、昇給や昇格、スキル獲得のスピードを速めるしかないのでしょうか。そんなことはありません。

じつは、Z世代は「なぜ昇給、昇格しないのか」とか「何のためにこの仕事を続けるのか」とか、その理由や目的がわからないことが一番の不満です。つまり、Z世代は「全部、説明してほしい」わけです。それができない理由、それをやる目的に納得したい。なのでZ世代は、たとえば透明性の高い会社を「イケてる」と思います。

確かにZ世代は、すぐに「一生これ？」と不満を感じます。ただし、たとえば、昇格に関して「これくらいの業績を達成したらマネジメントやっていいよ」という条件が明確であれば納得します。あるいは、「マネジメントをやるにはこういうスキルが必要で、あなたにはこれが足りない」ということをきちんと説明したら納得します。

わたしは入社2年目、人事担当者に「異動したい」と話したことがあります。そのとき「あと2年ぐらいちゃうん」という曖昧な答えしか返ってこなかった。まったく信用できず、「そんなわかんない話に2年も使えるか。だったらよそ行くわ」と非常に腹が立ちました。

いわゆる評価についてもそうです。何もフィードバックされず、基準もわからないまま勝手に上司に評価されていたりすると、Z世代は必ず不満に思います。

わたしの場合、2年目に自分の業績の目標をはるかに上回って達成したとき、上司の定性評価を1段階下げられたんです。それで、わたしよりも業績が下の社員の評価が上になって、ボーナスの金額にも差がついてしまった。上司にめっちゃ怒りました。「オレのほうが数字出してるのに、何でこいつに負けてるんですか」と。これが会社を辞める決定的な引き金になりました。「ふざけんなよ、さっさと辞めよう」と。

そういう経験もあって、わたしの会社の評価制度は定性評価をからませない、定量評価を重視しています。割合は「定量7：定性3」です。定性評価の基準も、みんながわかるように、なるべく明確にし、言語化しています。

定量重視の評価は、本人の業績が大きく反映されるので、本人にとっては納得感しかありません。もちろん、数字に基づく評価には「ごりごり感」があります。ただ、Z世代には曖昧な基準よりも、明確な基準のほうが断然いいわけです。「何でマネジメントに上がれないんですか」「いや、数字出してないじゃん。ほら、これ見てごらん」「はい、確かに」と、納得してくれます。

1-6 タイパ重視で、「この仕事は何のためにやっているのか」を知りたがる

Z世代は「タイムパフォーマンス（タイパ）」を重視します。これが最も中心的なZ世代の特徴かもしれません。先ほど述べた「焦りによる離職」にしても、要は「こんな会社にいても時間の無駄じゃないか」と、タイパを考えるから焦って、3年以内に辞めていくわけです。

早く昇給、昇格したい、早くスキルを身につけたいというのも、結局はタイパを重視しているから急ぐんです。Z世代は、かけた時間に対して効率が悪い、つまり、自分が使った時間に見合う効果がないと、「この仕事、何のためにやってんだっけ？」と悩み始めます。

先に、将来に対する不安がZ世代の焦りを生んでいると言いました。**Z世代は、早くスキルを上げて、早く自分の市場価値を上げないと、一生食いっぱぐれると思っています。**ただ、そういう能力を身につけるためにはある程度時間がかかることもわかっています。

なので、常に「時間が足りない」と焦っていて、すごくタイパを気にします。

また、先に「Z世代はマイペース」と言ったように、Z世代には自分の時間を大切にし

たいという特徴もあります。なので、たとえば、急に上司から飲みに誘われると、嫌がります。Z世代にとって、自分の予定をそのとおりにこなすことはタイパがいいんです。逆に言うと、Z世代は予定が急に変わることをタイパが悪いと考えます。要するにZ世代は、決して上司と飲みに行くことが嫌なのではなく、自分の予定が変わることが嫌なのです。この点は、また後で詳しく説明します。

タイパ重視のZ世代は、常に「自分は何のためにこの仕事をしているのか」ということを気にしています。言い換えると、すぐに「こんな仕事、時間の無駄じゃないか」という不満を持つわけです。なので、Z世代に対しては「意義づけ」が非常に大事になります。

たとえば、上司は「あなたが、いまこの仕事をしているのはこのためだ」ということを繰り返し説明する必要があります。説明する際のポイントの一つは「繰り返し」です。「認識がズレやすい」というのもZ世代の特徴なんです。その仕事の意義を説明されて、いったん「なるほど、わかりました。確かに無駄じゃないですね」となっても、また「やっぱり、時間の無駄だよな」と不満に思い始めます。

別に忘れっぽいわけではなくて、**Z世代は、SNSを中心にいろんな情報を常にキャッチアップしているので、その影響を受けて「この前、こう説明されたけど、本当はこうな**

んじゃないか」と、簡単に認識のズレが生じるのです。なので、「この前、納得していたのに、何で?」と面倒くさがらずに、その都度、丁寧に説明して認識を修正する必要があるわけです。

もう一つ、仕事の意義を説明する際に大事なのは、会社としてのミッションや目標などとその社員個人のやりたいことや将来の夢などが、きちんとつながるような説明の仕方をすることです。

たとえば、わたしの会社では、Z世代に仕事の意義を説明するときには、必ず「これからどうなって行きたいの?」と聞いています。そういう個人の目標を話してもらったうえで、「そのためにも、いまはこれを頑張ったほうがいいよね」と、仕事の意義を説明するようにしています。

Z世代社員の離職率をゼロにした接し方

ただし、Z世代はSNSの影響を強く受けているので、「みんながタイパって言ってるから、自分もそうしようかな」と思っている面もあります。同じように「早く成長したい」

というのも「みんな急いでいるから、自分も急ごうかな」と。端的に言うと、Z世代は子どもっぽいんです。

なので、仕事の意義を説明するなどZ世代との1on1では、子育てをするように、「うんうん、わかるよ、わかるよ、そうやんな」と共感を示しながら、「いま頑張れば、確実に成長できるんじゃない？　どう思う？」と、一方的にならずにやさしく接することが大事になります。

そういうふうにZ世代と接してきたおかげで、わたしの会社のZ世代社員の離職率はゼロだし、会社の業績も順調に伸びています。Z世代社員それぞれを見ても、わずか1年の間に業績や生産性が数段上がっています。彼ら彼女らはスキルの吸収が速いし、仕事に対して「これしたい、あれしたい」と非常に積極的です。

Z世代は子どもっぽいし、情報過多だから悩むし迷うし、手がかかります。でもその分、会社にはまりやすいとも言えます。マネジメントする側がきちんと課題や目標を提示できさえすれば、本人が早く成長したいと思っているので、実際に成長するスピードが速まるのです。

たとえば、ある課題の解決策について「これどう思う？」と、ちょっと振るだけで、「めっちゃいいと思います。それならこういうことできますよね」と、すぐ話にのってきます。

先ほど、Z世代は「認識がズレやすい」と言いましたが、これには、腹落ちするのが早く、解像度が低くても前に進めるというポジティブな面もあるわけです。

もちろん、わたし自身もタイパを気にしています。わたしは1日1食で、晩ご飯以外、食べません。栄養面はサプリを飲んだりビタミン注射を打ったりして補っています。なので、昼休みの1時間にも仕事ができます。1日1食は、わたしにとってかなりタイパがいいことなんです。

Z世代には1日1食の人が多い印象です。空いた時間をわたしは仕事に使っていますが、ジムに行ったり昼寝をしたりと、空き時間の使い方はさまざまです。

わたしは自炊もしません。料理を作ったり食器を洗ったりという時間も仕事に使いたいからです。ただ、食べることは大好きです。お腹が空いているので、晩ご飯を毎日めちゃくちゃおいしく感じます。1日1食は幸福度の点でもタイパがいいわけです。

また、トレーニング・ジムで体を鍛えていますが、パーソナルトレーナーを付けて週2日、1時間ずつです。以前は、トレーナーなしで、毎日だらだらと通っていました。でもタイパを考えて、パーソナルトレーナーを付けるいまのスタイルに変えました。Z世代には、パーソナルトレーナーを付けて体を鍛えている人が少なくありません。本格的なので全身くたくたになりますが、だらだら通うよりも時間の節約になるし、やはり効果も上がります。

ジムに通っているのは、腹筋が割れているような経営者のほうが映えるからです。人前に出る機会が多いので、見た目を意識するのは、ある意味、当然です。

わたしに限らず、Z世代は、タイパを気にすることで「自分の時間」を増やしています。彼ら彼女らは、自分の時間を何に使っているのでしょうか。端的に言うと「自己研鑽」です。わたしの場合、ほとんど仕事関係に使っていますが、それもわたしの中では自己研鑽なんです。

Z世代の間では「自己研鑽YouTuber」が流行っています。たとえば、朝の4時に起きて、ジムに行って、カフェに行って、本を読んで、それで出社する。そういうスタイルを見て影響を受けています。

そんなZ世代の社員のために、わたしの会社では、健康にいい冷凍宅配弁当「nosh《ナッシュ》」と契約しています。会社のレンジで5分ほどチンして必要な栄養素が摂れるので、利用する社員は少なくありません。

Z世代の間では、完全栄養食をうたう「Huel《ヒュエル》」のプロテインも人気ですが、さすがに味気ないので、常備するのを見合わせています。

Z世代の「仲間」になれば、好感を持たれる

タイパ重視のZ世代には、会社の日報や会議も「時間の無駄」に思えます。少なくとも「これ、本当にいるの?」という疑問を持っています。上司はそういう質問を受けたときにどうすべきでしょうか。「ずっとこのやり方でやってきたんだから、黙って従えばいいんだ」などと、一方的に説得するのが一番よくありません。

やはり、日報にしろ会議にしろ「こういう意義がある」ということを繰り返し丁寧に説明する必要があります。あるいは「こういうアプリを導入したら、日報が楽になるかな?」とか「どういうアプリを導入したら、会議を減らせるかな?」とか、逆に相談してみるのもいいです。

たとえば、「会議をオンラインにしたらどうですか」というZ世代の提案に対して、「いいね、今度やってみよう」と、すぐに取り入れる上司は必ずZ世代の「仲間」になれるはずです。あるいは、採用されない場合でも、丁寧にディスカッションしたうえでの結論であれば、Z世代は上司に対して好感を持ちます。

Z世代は、わざわざ会って話すこと自体、時間の無駄と感じます。「移動時間やアポイントを取る時間がなければ、もっと他のことができるのに」と不満に思うわけです。なので、わたしの会社では、お互い社内にいても、オンラインで打ち合わせなどを行っています。

Z世代は「紙」も嫌がります。基本的にすべてパソコンやスマホの画面上で済ませたいからです。

わたしは会社員時代、「とりあえず、行ってこい」という、いわゆる飛び込み営業もやりましたが、行っても無駄な営業先がたくさんあると感じていたので、「もっと絞ったほうがいいやん」と、非常に不満でした。「テレアポ」もそうです。いきなり電話をかけまくるよりも、まずメールをばーっと出して、反応があったところにだけ電話をかけたら無駄がないのに、と。

そういう提案を何度も上司にしていたのですが、ずっと「会社の方針で決まっているから、無理」と言われ続けました。

ただ、わたしの意見を取り入れてくれようとした上司もいました。話を聞くときに「そうやんな、そうやんな」と共感を示してくれて、実際、上にも掛け合ってくれました。結局、大きくは変わらなかったのですが、その上司は「大きな方針は変わらへんけど、ここは変えれるやん」と、下の意見をちゃんとキャッチアップする人だったので、わたしは「仲間」と感じていました。

Z世代とのコミュニケーションはチャットが基本

「電話嫌い」もZ世代の大きな特徴です。基本的に「チャットとかLINEのほうがいいやん」と思っています。電話は「証拠」が残らないから、言った・言わない、聞いた・聞いていないでもめがちです。「それやったら、全部チャットでよくない?」と。なので、わたしの会社の社内連絡は、基本的にチャットを使っています。

Z世代には、生まれたときから家に固定電話がない状態で育っている人が少なくありません。親のケータイが家の電話だったりするわけです。かつ、オレオレ詐欺が横行する中で育っています。わたしの家も固定電話がなく、母のケータイが家電《いえでん》で、親に「だまされるから、電話に出るな」と言われていました。同じようなしつけを受けたZ世代は多いはずです。

電話自体に嫌悪感を持つように刷り込まれている面もあって、Z世代は、そもそも電話慣れしていないわけです。

わたしの場合、基本的に自分のスマホに電話がかかってきても取らないし、自分から電話をかけることもありません。不在着信を見て、知り合いの番号にだけ折り返しています。わたしの友だちも電話をかけてきません。カップル同士は電話するでしょうが、わたしは、相手からいきなりかかってきても取りません。やはり折り返します。

わたしは、折り返す前に「要件。何でしょうか」とチャットで聞くようにしています。いきなり電話しても対応できない、事前準備が必要な内容かもしれないからです。

わたしの会社では、こうしたZ世代の「電話嫌い」をある意味、有効活用していて、社員に「すごく緊急度の高い要件は電話してきて」と伝えています。なので、社員からスマホに電話がかかってきたら、たとえお客さんと商談中でも、「すみません、緊急の電話なので」と、ぱっと電話に出て対応しています。

Z世代は「メール」も好きではありません。要件だけフランクに早く伝えたいから、チャットが一番いいんです。メールには定型文なども必要で、辞書登録をしていても、一応、自分で考えて丁寧な文章に変えたりしないといけないので、打つのに時間がかかります。「この時間、無駄だな、チャットなら1秒なのに」と不満を感じるわけです。

チャットのほうがフランクな分、仲間意識も高まるので、より突っ込んだ内容を伝えることができるとも思っています。

Z世代はマイペースなので、仕事についても「この時間はこれをやる」と決めていて、「これちょっと頼むわ」という「割り込み仕事」を嫌います。なので、わたしの会社では、Ｇｏｏｇｌｅの「カレンダー」を使って、わたしを含め、全員が個人のスケジュールを共有しています。

たとえば、わたしの場合、「いま、席に行っていいっすか」とチャットしてきた社員には、「カレンダー、見た？　いま無理やわ。カレンダーに投げといて」と、カレンダー上でわたしの時間をおさえておくように返信するわけです。

なかには、「カレンダーに何も入っていなかったんで、いま、いけますよね」と、いきなりわたしの席にやってくる社員もいます。そのときは、当然「オーケー、いけるよ」となります。

こういうやり方で大事なのは、できるだけオープンにすることです。わたしの場合、会社のカレンダーに「デートの予定」も入れています。プライベートのこともわかったほうが、Z世代の仲間意識は高まります。たとえば、当日チャットの返信が遅くても、「まあ、デートやから、しゃあないか」などと不満に思わずに済むわけです。

1-7 「目標に向けて、仲間と頑張れる会社に行きたい」と思っている

「Z世代は冷めている」と思っている上の世代の方は多いのではないでしょうか。タイパ重視にしても、要は効率のよさを求めているだけに見えるし、チャットが一番というのも「温かみ」に欠ける印象を受けるかもしれません。会社を3年以内で辞めるというのも、「会社や同僚に対する迷惑なんか、まったく気にしないで、自分のことだけ考えて辞めていく。いまの若いやつらは冷たい」と。

それに対して、**Z世代のほうも「上は冷たいな」と感じています。**わたしは「人間関係は鏡」だと思っています。つまり、相手が自分に対して冷たいと感じていれば、自分も冷たく接するようになるわけです。それで、お互いの距離がどんどん離れていく。そうやってお互いが疎外感のようなものを抱くようになるのではないでしょうか。

先ほど述べたように、Z世代は基本的に不安を抱えていて、常に悩んだり迷ったりします。では、なぜ不安を抱くのか。インターネットが普及して、SNSなどを通じて大量の

情報にアクセスしていて、常にその影響を受けているからです。

特にZ世代はネガティブな情報に煽《あお》られています。たとえば、増税や年金破綻の話題は、ネット上では往々にして「一人で生きていく力を身につけないと、これからは食いっぱぐれる」といった結論になります。なので、「自分たちの世代は逃げ切れない、一生働かないと死んでしまうのか、つらすぎる」と、自分の将来に不安を感じるわけです。

それで「早く一人で生きていく力を身につけないと」と焦りますが、具体的な中身はよくわからないまま、ただ焦っているんです。一人で生きていく力というのは、いろんな経験を自分の血肉に変えて、自律的に生きていく能力ということでしょう。であれば、最もわかりやすいのが仕事のスキルなのですが、それをどのように高めていけばいいかがよくわからず、焦りまくって、わけのわからない選択をしてしまう。

また、**Z世代には「焦らされている」という感覚もあります。**Z世代はネットを通じて「世の中が、大人が、こう言っている」という情報、それと同時に「それはこういうことだ」という同世代の反応をキャッチアップしています。

たとえば、年金の話題なら「首相は増税すると言っている。やっぱり日本はダメだ、海外に逃げろ！」とか「オレらの手取りはどんどんなくなっていく。どうやって生きていくの？　それ、死ねってこと？」とか。新型コロナウイルスのワクチン接種の話題なら「死ぬ人の数が増えている。国はオレらを殺そうとしてんのか！」とか。

そういう情報に接していると、「大人に焦らされている」という被害者的な感覚になっていきます。その感覚が自分の仕事にも影響していて、「会社に働かされている」『上にやらされている」というネガティブな受け止め方になっていくわけです。

じつは、Z世代の本音はとてもシンプルです。それは「仕事のスキルを高めたい、楽しく働きたい」です。つまり、基本的にZ世代は、会社に入ることは新しいことを経験するチャンスだし、そこでの仕事は楽しいチャレンジだと思っています。それなのに、だんだん会社で働くことに対してネガティブになって、3年以内に辞めていきます。

要するに、Z世代の会社に対するネガティブな反応は、決して「働きたくない」という意味ではないわけです。働いていて楽しい会社であれば勤め続けるし、楽しそうな会社で働いてみたいと憧れ続けます。その裏返しで、不満を抱くだけなのです。

その意味では、この節の冒頭で触れた「Z世代は冷めている」というのは、明らかに間違いです。基本的に「もっと前向きに働きたい」と熱く思っているのですから。

ただし、そういう自分の中にある思いに気づいていなくて、うまく言語化できないZ世代も少なくありません。でも、たとえば転職相談の際に、「仕事が嫌で、上司も変な人で……」と、ネガティブな話ばかりしている人でも、「じゃあ、目標に対して頑張りたいってことじゃない？」とか「じゃあ、もっと楽しく仕事したいってことじゃない？」と言い換えてあげると、「そうです、そうです」と、気づいてくれます。

やる気のあった社員が急に「辞めたい」と言い出した理由

最近、取引先の社長がこんな話をしていました。

創業当初に採用した入社3年目のZ世代の社員が突然、「辞めたい」と言ってきた、と。「ちょっと話があるんです。いきなり辞めるのはあれなので、3月か4月いっぱいで辞めます」と切り出されたそうです。

その会社は創業以来、順調に組織が大きくなっていました。それにともなって、社内のルールもきちんと整備されてきています。

彼が入社した当時はベンチャー特有の「友だち感」があった反面、ルールという点ではルーズでした。なので、創業期から働いている社員の中には、温かみのある友だち感が薄れて「冷たいルールに縛られるようになった」と、ネガティブに捉える人もいたということのようです。

よくよく話を聞いてみると、この友だち感が薄れたことが会社を辞めたい大きな理由でした。彼にしてみると、組織が大きくなるにつれて、いわば疎外感を感じるようになったわけです。

これは「ベンチャーあるある」かもしれません。

組織が成長してフェーズが変わると、その変化に居心地の悪さを感じる社員が出てくるものです。「自分が好きだった会社はこんな冷たい会社じゃなかったのに……」と。会社が成長すると、社長はどんどん忙しくなっていくので、辞めたいと告げられるまで社員の変化に気づくことができないというのもよくある話です。

その後、彼の大事にしている「仲間意識」を尊重しようと、「定期的にランチ会を開こう」と提案したり、創業期からいるメンバーで「もう一度一緒にやっていこう」と説得を重ね、最終的には続けてくれることになったそうです。

結局、説得できたのは、彼らが「仲間」だったからです。「オレら、こんだけ3年一緒にやってきたやん」とか、「来年からおまえがおらへんなんて、マジで考えられへんねん」とか、「大みそかにみんなで神社行ってるやん。おまえ、来《こ》うへんのかよ」と、創業期からいるメンバーで泣きながらの話し合いもした、と聞きました。

そうした仲間からの熱い言葉が一番彼の心に刺さったようです。

仲間との距離が遠くなって不満を持っていたのが、まさにZ世代らしい特徴だと思います。一見クールで自由に働きたい気持ちが強いように見えても、実際には深い仲間意識を持っているのがZ世代です。その「仲間」と一緒に、苦楽を分かち合いながら成長していくことに大きな価値を見出しているのです。

この話を聞いて、Z世代が求めるのは、ただの仕事仲間ではなく、心からつながれる「熱い仲間」なのだと痛感しました。

1-8

若者は飲みに行かないは大間違い。「急に」誘われるのが嫌なだけ

飲みの誘いを社員にあっさり断られて、「うわっ、むっちゃドライやん」とショックを受けるわたし自身も、基本的に急な飲み会には行きません。

わたしもZ世代らしく、かなりマイペースです。基本的に毎日の予定が決まっています。なので、急に誘われても「いや、今日はこれしたかったし、やめとくわ」となるわけです。自分のスケジュールが崩れるのがすごく嫌なんです。

それでも、断れなくてつき合うことはたまにあります。そういうときは、冒頭30分だけ顔を出して、お酒を飲まずに帰るようにしています。

わたしは「あさっての何時」という誘いでもオーケーする場合がありますが、多くのZ世代は「来週の何時」が限界で、基本的には「1カ月前」がマナーです。

もちろん、自分が「ぜひ飲みたい」と思っている人からの誘いであれば、喜んで行くでしょうが、わたしの場合、断るケースもあります。

また、上司の急な誘いに対しては「えっ、何しゃべんの？」「行ってどうすんの？ 何目

的？」と、基本的に戸惑います。なので、Z世代の部下がつき合ったときには、モヤモヤした気持ちで飲んでいると思ったほうがいいです。

要するに、上司の誘いも含め、会社の飲み会は目的をはっきりすることが大事なのです。

同期の急な飲みの誘いは、気持ち的には楽ですが、やはり「何しゃべんの？」という戸惑いがあります。それで「だったら、家でゲームしてるわ」とか「だったら、本、読みてえな」とかになる。Z世代がそう思うのは基本的にマイペースだからですが、自己研鑽が流行っている影響もあります。

Z世代が急な飲みの誘いを嫌がるからといって、先に説明したように、「Z世代は冷めている」と捉えるのは間違いです。繰り返しになりますが、誘われるまま飲みに行くのが嫌なのは、自分の予定が変わるからです。

なので、Z世代を急な飲みに誘わないのが原則です。それで「来週の金曜、空いてる？」というような誘い方をして、プラスアルファ、飲みの目的も伝えることが大事になります。目的といっても大げさな話ではなくて、たとえば、「先月、予算を達成したから」とか「今月、チームで飲んでいないから」とかでいいわけです。

かつ、断ってきた場合には「了解、忙しいもんね」とか「ごめん、もっと前に言えばよかったね」とか、軽く流してあげることがポイントになります。

Z世代は承認欲求がとても強いとも言いました。なので、断られたときに「えー、何で?」というようなネガティブな反応をするのはよくありません。やはり、了解とかごめんとか、Z世代の判断をそのまま受け入れてあげる反応が大事なのです。

もちろん、Z世代が急に飲みに行ってもいいかなと思うときもあります。たとえば、個人の業績が落ち込んでいるとき、仕事がうまくいっていないとき、恋人に振られたときなどです。

その意味で言うと、飲み会に行かないからといって「冷たいやつだな」とか、そういうネガティブな人物評価をしないでほしいのです。逆に言えば、Z世代の場合、急な誘いでも飲みに行くから「熱い人間だ」とか「オレら、めっちゃ仲いいよね」とか、そういう判断もしないほうがいいわけです。Z世代にしたら、どちらも「?《はてな》」でしかありません。

会社の飲み会はルール化して、定期開催にしたほうがいい

Z世代と飲みたいと思ったら、基本的にルール化したほうがいいです。たとえば、「う

ちのチームはみんなで仲よくする会を月1回開く」と決めてしまうわけです。そういう会社のルールに対して、Z世代は「無理っす」とはなりません。わたしの会社でも「1カ月の締めが終わったらみんなで飲みに行こう」とルール化して、月末に親睦会を定期開催していますが、ほぼ全社員、参加してくれています。

わたしは会社の飲み会を、仕事でもプライベートでもいいのですが、社員の悩みを聞く機会と捉えています。上司がZ世代を飲みに誘う目的としては、それがいいかもしれません。不満や不安といった悩みを承認してもらえると、Z世代は仲間意識を持つようになるからです。

ただし、悩みを聞くのならサシ飲みのほうがいいと思いがちですが、Z世代は基本的に複数人のほうが話しやすいので、その点は注意が必要です。

また、飲み会のときにやたらと部下をいじる上司がよくいますが、あれもZ世代にはよくありません。わたしも会社員時代、チームでいじられキャラのほうだったのですが、同僚ならいいのですが、上司のいじりはすごく嫌でした。

もう一つ、大事なポイントは上司が誘ったのなら、できる限りおごること。Z世代は基本的にお金がありません。なので、飲み代を払わされると、「うわっ、このお金があったらあれもこれもできたな。やっぱり来なきゃよかった」と、ネガティブな気持ちになりがちです。

もちろん、その飲み会に払ったお金に見合う目的と価値があれば、Z世代も気にしません。要するに、Z世代はタイパだけでなくコスパも重視するわけです。

わたしの会社の場合、定期飲み会の費用は「会社持ち」で、社員は会費なしにしています。月1回の飲み会だけでなく、同じく親睦目的の「定期ランチ会」を週1回、水曜にやっていますが、こちらは実費を負担してもらっていて、自分で用意したお弁当をみんなで食べるという会もあります。また、複数の事業部に分かれているので、定期ランチ会はお互いに交流できるように、毎回メンバーをシャッフルして行っています。

第2章

【ポイント1：映え】

Z世代は
全員がSNSユーザー。
その心理を理解する

2-1 他社とギャップを感じず、「うちの会社も悪くない」と思えれば辞めない

前章で「Z世代はSNSユーザーなので、すぐに隣の芝生が青く見える」と言いました。つまり、SNSで見聞きする他社の様子や他社で働いている同世代の姿と、自分が勤めている会社や自分の働き方とをすぐに比べて、「いいな〜」とうらやましく思い、「それなのに、この会社は……」とか「いまの自分は……」と不満を感じるわけです。

Z世代がSNSで見聞きしてうらやましく思う主な事柄の一つは、会社の人間関係の「仲のよさ」です。仕事にしろ飲み会にしろ、職場の人たちと楽しそうにしている写真などを見ると「いいな〜」と思います。

たとえば、会社のレクリエーションで楽しんでいる写真をアップすると、てき面にうらやましがる反応が返ってきます。Z世代は会社の人間関係で悩んでいる人が多いので、仲がいい職場にすごく憧れているんです。

Z世代は「オフィスのきれいさ」にも憧れます。たとえば、わたしが1年9カ月で辞めた会社は、グランフロント大阪にもオフィスがありました。わたしは別のオフィスだった

ので、そこで働いている同期がすごくうらやましかった。ただ、2年目にグランフロント大阪にオフィスがある部署に異動になりました。結局、会社を辞めてしまいましたが、グランフロント大阪で働けたことはいい思い出になっています。

もう一つは「成長感」です。昇給した、昇格した、新しい仕事が始まったなどという話を見聞きするとうらやましがります。たとえば、最近は「入社してまだ1年やけど、課長になったわ」といった投稿も増えています。そういう人たちは、ファッションとか食事をするお店とかがやはり目に見えてよくなっていきます。

そういうSNSを見ると、Z世代は「いいな〜」と思います。「それに比べて、自分は給与も上がらないし、役職も上がらないし、やることも変わらないし……」と、どんどんネガティブな気持ちになって、いまの会社を辞めたくなるんです。

逆に言うと、Z世代は同世代の投稿を見て「うちの会社も悪くない」と感じられたら、会社を辞めたいとは思わないわけです。

2-2 「映えポイント＝自慢できる場所」が1カ所あるだけで辞めにくくなる

わたしの会社は、２０１８年竣工の31階建てビル「なんばスカイオ」に入っていて、けっこうきれいなオフィスです。社員たちはＳＮＳにオフィスで撮った写真をしょっちゅうアップしています。なので、彼ら彼女らの同世代の知り合いは、そういう写真をＳＮＳで見ます。

その人たちが何か会社に対して不満があって辞めたいと思っていて、かつきれいじゃないオフィスで働いていたら、知り合いが勤めているきれいなオフィスの写真を見て、辞めたいという思いを強めるということが十分あるわけです。

こうしたＺ世代の「映《ば》え欲求」に対して上司はどうしたらいいか。もちろん、きれいなオフィスに引っ越すというのは相当ハードルが高い話です。そこまでしなくても、オフィスに雑然と置かれた物を減らして、観葉植物などを置いて、いつも整理整頓して掃除をしていれば、ある程度きれいなオフィスになるはずです。これだったら、現場の上司にもできる対策です。と同時に、上司としては　経営層に対して、引っ越しなど大がかりな改善をきちんと提案しておくことが大事になります。

極論的に言うと、Z世代はオフィスの中に1カ所だけSNS用の写真が撮れるきれいなコーナーがあればいいのです。たとえば、わたしの会社のZ世代社員たちも、SNSに「会社にいる自分」をアップするときには、いつも同じ一番きれいなコーナーで写真を撮っています。

要するに、映えポイントが1カ所だけあれば、Z世代は全員そこで写真を撮って、映え欲求を満たすことができるわけです。

また、Z世代は自分の会社だけでなく、たとえば、営業先の会社の写真も「今日は、お時間をいただき、ありがとうございました」と、よくSNSにアップします。なので、映えポイントを1カ所だけ作るなら「エントランス」がおすすめです。

わざわざ大がかりに改装しなくても、観葉植物を置いたり会社のロゴパネルを置いたりするだけでも写真写りはよくなります。

ちなみに、わたしの会社では全社員の座席をフリーアドレスにしています。そのほうが余計な物がなくなって、きれいなオフィスになるという狙いもありますが、大きな理由は「上下のないフラットな組織を体現できる」からです。なので、社長室もありません。わたしの席もフリーアドレスなのですが、最近、座る場所が固定してきていて、そこは改善したいなと思っています。

物を減らし、しっかり掃除をすれば、「自慢」のきれいなオフィスになる

ごちゃごちゃ物を置いているオフィスは基本的に映えません。なので、フリーアドレスがいいわけです。個人の荷物は全部ロッカーに入れるし、掃除もしやすいし、きれいなオフィスを保てます。

それだけではなく、ビジネスパーソンにとっては整理整頓自体がすごく大事なことです。実際のデスク回りに限らず、パソコンのデスクトップもそうですが、乱雑な人は物事をきちんと考えられない人と思われがちです。

わたしは会社員時代、フリーアドレスではなかったのですが、上司からは「どこに何があるかわからんかったら、探さなあかんやろ。その時間が無駄やからいつも整理整頓しておきなさい」と、きつく言われていました。

「机の上に物を置いて帰ったら全部捨てるから」とも言われていて、実際、捨てられたこ

ともあります。翌朝、出社したらゴミ袋を渡されて、「はい、これ。会社のルールだから、約束したよね」と。それからはどんなに早く帰りたいときでも、きちんと片づけるようになりました。

わたしの会社でも、社員に整理整頓を促すときには「そのほうが仕事の効率が上がるよ」という言い方をしています。Z世代は早くスキルを上げたいと思っているので、こういう理由があったほうがよく効くんです。

さらに**Z世代は「統一感」があるオフィスを好みます。**たとえば、古ぼけたオフィスであっても、それが昭和レトロで統一されている印象があれば、映えると思うわけです。ただし、昭和レトロが好きじゃないZ世代もいます。なので、好みが分かれるコンセプトで統一感を出すのは、いわばリスクがあります。

一方で、そのコンセプトを好む社員が入ってくるという点では、辞めにくい要素の一つになるとも言えます。たとえば、「大人も遊べる秘密基地」というコンセプトで滑り台や卓球台、ダーツなどを置いたりして、オフィスに統一感を出している会社もあります。そういう会社には、それを気に入ったZ世代が集まってくるし、少なくともオフィスのビジュアル面には不満を抱かずに働き続けられるわけです。

ちなみに、わたしの会社のオフィスは居ぬきで借りているワーキングスペースなので、それなりに統一感があって、社員には好評です。

オフィスの統一感は「色」で出すのが無難です。たとえば、黒とか木目調とかでそろえる。それで、余計な物を一切置かないようにして、かつ観葉植物を置くと、ある程度、映えるオフィスになるはずです。

また、Z世代はコワーキングスペース的な内装を好むので、「WeWork《ウィーワーク》」の貸しスペースなどが参考になります。

2-3 見た目だけでなく、自慢話も「映えポイント」になる

きれいなオフィスにするのは、前章で説明した「リアリティ・ショック」や「隣の芝生の青さ」をやわらげるための手段の一つでしかありません。とはいえ、**Z世代はSNSの影響がすごく大きいので、上の世代が想像する以上に彼ら彼女らにとって「映え」は重要なのです。**

たとえば、Z世代は会社の飲み会や社員旅行の写真なども、当たり前のようにSNSにアップします。それを見せて自慢したり、それを見てうらやましがったりしています。なので、飲み会のお店や旅行先も、映えを重視して選んだほうがいいわけです。

映え対策という意味では、わたしの会社のホームページもZ世代を意識して、かなり見栄えのいいものにしています。

前章で、わたしの会社のZ世代が終業前にオフィスでビールを飲んでいる写真をSNSにアップしたという話を紹介しました。じつは、わたしの会社では「金曜は夕方から飲み

放題」にしていた時期があるんです。いまはやっていないのですが、福利厚生という面と同時に、社員がＳＮＳで自慢できるようにという映え対策でもありました。

つまり、わたしの会社では、常に冷蔵庫の中にたくさんビールがある状態にしていた時期があるわけです。そういうのがＺ世代にとっては映える光景で、写真をＳＮＳにアップしたくなります。

同じように、たとえば、出張に行った上司が買ってきた気の利いたお土産（お菓子）も映えるので、Ｚ世代はよくＳＮＳにアップしています。

また、わたしの会社にはゲームルームがあって、ＮｉｎｔｅｎｄｏＳｗｉｔｃｈやダーツ、昭和レトロのボードゲームなどを置いています。これも社員はＳＮＳにアップしています。

わたしの場合、会社員時代にあったチームのメンバーの名前を書いたサイコロも映えるネタにしていました。たとえば、ランチのときにそのサイコロを振って、「はい、今日は○○のおごり」などとやっていたので、いかにも仲よさそうじゃないですか。

ここで注意してほしいのは、ＳＮＳでの映えはビジュアルだけでなく、「うちの会社、金曜は夕方から飲み放題やし」といったテキストも大事だという点です。

わたしの会社で言えば、その他にも「社長もフリーアドレスのフラットな組織」とか「社員はみんなニックネームで呼び合っている」とか、そういうこともZ世代にとってはSNSでの映え、つまり、イケてるベンチャーでイケてる仲間と楽しく働いている、そんな自分を「どう？　イケてるやろ？」と自慢できるいいネタになるわけです。

わたしは会社員時代、同期が仕事中の写真をアップして、上司からものすごく怒られているのを見たことがあります。社員のSNSへの投稿の内容がガバナンス的・コンプライアンス的によくないことだと問題になりますから、上司がチェックしているわけです。

Z世代は何でもSNSにアップしたがるので、やはり会社側としては対応が必要です。

わたしの会社でも、基本的にはSNSの投稿は自由ですが、会社にとってまずい内容をすぐ削除できるように常にチェックしています。

わたしも上司も、社員のSNSを見ています。それで問題があれば、「これ、やめてもらっていい？」と社員に伝えています。たとえば、会社の飲み会でわたしがあまりにもバカをやっている写真は、削除してもらいました。仕事そっちのけでSNSばかりやっているので、「ちゃんと仕事しろ！」と上司に怒られた社員もいました。

わたしの会社では、いまのところSNSに関するルールは特に作っていません。でも、誹謗《ひぼう》中傷などについての認識がZ世代はかなり弱いので、ルールを作ったほうがいいと考えています。また、投稿のチェックにしろルールづくりにしろ、これからは社員に任せようとも考えています。

2-4 ニックネームで呼び合えるような職場環境も、「映え」要素

『言語化力　言葉にできれば人生は変わる』（SBクリエイティブ、2020年）というベストセラーの著作もある、博報堂出身で「The Breakthrough Company GO」代表取締役の三浦崇宏さんと最近、仲よくなりました。三浦さんからは「SNSは『みちゅ』でいいよ」と言われています。なので、わたしはSNS上で「みちゅ兄」と呼んでいます。

Z世代はこういうフランクな間柄が好きです。わたしも社員に「ケイと呼んで」と言っていて、「泉澤さん」とか「社長」と呼ぶ社員には注意しています。社員のSNSでは「Kさん」になっています。また、仲のいい年下の子には「敬語、使わなくていいよ」と伝えています。

上司のほうも、部下をニックネームで呼んだほうがいいです。ニックネームで呼び合ったり、「ため口」で話したりすると、お互いの距離がぐっと近づいてより話しやすくなります。すると、不満も含め、いろいろと部下の本音を聞くことができるし、仕事もより進

めやすくなります。

こういう職場をZ世代はうらやましいと思うし、自分の職場がそうであれば自慢になります。要は、社員が社長をニックネームで呼んでいるような会社はSNSで映えるんです。もちろん自慢したいのは、あくまでも「社長と近い距離で話せる自分」であって、世の中的にそういう会社のほうが少ないので、優越感を持てるわけです。

わたしの場合、「ケイと呼ばせている自分がうれしい」という面もありますが、「仲いいよな、オレたち」というのが会社のアピールになると思っています。

Z世代は、たとえば、会社の飲み会の写真と一緒に「こんな会社に入って、めっちゃうれしい」とか、仕事でいいアドバイスをもらったときに「ほんま感謝っす、ありがとうございます」とか、よくそういうポジティブな投稿をします。それを見た同世代からは「めっちゃいい会社やな」とか「自分もそんな上司ほしいな」とか、やはりうらやましがるコメントが寄せらせます。

また、たとえば、わたしが何かのプロジェクトが成功したときに「うちのやつら、マジ優秀やわ」と投稿すると、社員がうれしがるだけでなく、社員のつながっている人たちから「ほめてくれる社長、いいな」といった好意的なコメントが入ります。

もちろんZ世代は、ポジティブな事柄だけでなく、ネガティブな事柄もSNSに投稿します。たとえば、わたしの会社の社員は、わたしが何か注意したり叱ったりしたときに「Kさん、何か言うてたね」などと投稿しています。

ただそういう場合でも、自分の中で反省なり学びなりがあれば「こういう気づきがあった」というふうにポジティブな投稿をします。これは結局、「成長している自分」を自慢したいのです。

要するに、ニックネームも含め、こうしたポジティブな事柄やよいフィードバックを数多くSNSに投稿できる会社が、Z世代が辞めにくい映える会社です。先にも言いましたが、映えはビジュアルだけの話ではありません。個人情報や会社の機密事項に触れないように注意する必要はありますが、社員も上司も社長も、積極的にSNSで発信したほうがいいわけです。

ご参考まで、Z世代が上司から言われてうれしいひと言、つまり、SNSにアップしたがる上司の言葉は「期待してるよ」「楽しみにしてるよ」「頼りにしてるよ」などです。つまり、気持ちいいくらい承認してあげる言葉が映えるんです。上司が部下から言われてうれしいのは「さすがですね」「頼りになります」などです。

ちなみに、**上司が部下にSNS上で叱ったり注意したりするのは、言うまでもなく、絶対にNGです。**そういう厳しい話は必ず個別のフィードバックの場でしないといけません。

ただし、厳しいフィードバックのフォローをするのに、SNSのチャットなどDMを使うのは効果的だったりします。若者に人気の格闘技イベント「BreakingDown」などを運営していて、『持たざる者の逆襲 まだ何者でもない君へ』（幻冬舎、2023年）という著書もある経営者の溝口勇児さんと、最近やり取りする機会があり、そう考えるようになりました。

溝口さんとお会いしたとき、ビジネス的な問題で説教されたんです。別れた直後、溝口さんから「あんだけ言ったのは君に期待してるからで、本当に頑張ってほしい」といったメッセージがSNSのチャットで送られてきました。それがとてもうれしくて、思わずスクリーンショットを撮って「ありがとうございます、頑張ります」と投稿したくらいです。

つまり、わたしのようなZ世代には、SNSを上手に活用したコミュニケーションがものすごく効くわけです。

Z世代にとって会社は「教育テーマパーク」

Z世代は会社を「自分が成長するための箱」と捉えています。かつ、楽しくなければ、その箱にとどまる意味はない、と思っています。要するにZ世代は、会社が楽しいもスキルアップも自己成長もやりがいも全部そろっている場であってほしいわけです。

わたしに言わせると、彼ら彼女らが会社に求めているのは「教育テーマパーク」なんです。Z世代にとって会社が教育テーマパークなら、たとえば、肩書き禁止でニックネームで呼び合うというのも当然です。

もちろん、会社は仕事をする場です。遊びの場でもないし、勉強する学校とも違います。ただ、Z世代の中では、それらの差があまりなくなっています。

Z世代はわがままで欲張りです。なので、ちゃんと仕事をしたい、お金もほしい。映えていてほしい、スキルも上げたい、成長もしたい、やりがいもほしい。自分を承認してくれる仲間、いい上司といい同僚もほしい。ただし、毎日が楽しくないと嫌なのです。

つまり、Z世代は会社に「教育の場」と「テーマパーク」の両方を求めています。「そんなの夢の国やん」という話ですが、Z世代は全部がそろっている会社であれば辞めないわけです。

Z世代は「安定志向」でもあります。たとえば、スキルを上げたいのも、自分の市場価値を上げてずっと安定して働きたいからです。なので、会社に自分を教育してほしいんです。要は、学びがあって自己成長を実感できそうな、かつ楽しそうな会社に憧れるということです。

本章で「映え」についていろいろ説明してきたように、SNSには「会社はいろいろ学べて自己成長できる楽しい場所」という投稿があふれています。なので、Z世代の新卒社員は、学生時代にSNSを通じて得た会社のイメージと入社後に体験する実際の会社の姿が乖離《かいり》しがちで、リアリティ・ショックを受けるわけです。

その意味では、先ほど「夢の国」と言いましたが、**会社側は、Z世代が持っている「会社は教育テーマパーク」というイメージを「ないものねだり」と思わずに、実現する方向に進んだほうがいいです。**少なくともわたしの会社は、Z世代の要望に応えようといろいろな施策を講じています。

新卒社員のうち、リアリティ・ショックを感じる割合は7割以上とも言われていますが、教育テーマパークを目指す施策を実行することによって、その割合を確実に減らすことができます。具体的には、ここまで説明したような、会社がより映える工夫です。より早くスキルが上がる、より早く経験が積めるための施策も必要です。

先に述べたように、なにしろZ世代は焦っています。しかも、SNSでは「大企業に勤めていれば大丈夫と思うな」というような投稿が目に入りやすいので、Z世代もそういう考え方になっています。

つまり、「本当の安定は会社の規模じゃない、自分のスキルなんだ」と。これがZ世代の安定志向の中身です。上の世代の安定志向とは明らかに違います。

またZ世代は、経営の意思決定の内容とその背景など、会社の情報の不透明さを嫌がります。なぜ嫌うかというと、不透明な会社は楽しくないし、自己成長に役立つ情報が少ないからです。なので、わたしの会社では、わたしの報酬も含め、上場企業のIRのように全社員と経営情報を共有していくことを考えています。

もちろん、こうした会社の施策の話は、現場の上司では実現できないケースがほとんどではないでしょうか。ただし、部下が教育テーマパークを求めていることを理解している、自分もその方向に進んで行きたいと思っている、あるいは、経営層にそういう施策を提案しているということは、Z世代の部下にとってすごくうれしいことです。

たとえば、経営の意思決定について、Z世代は、なぜそうなったのか、なぜそれを目指しているのかといった意図、目的、背景を知りたがっています。たとえ不透明な会社であっても、上司が知っている範囲で部下に情報を公開することはできるはずです。そういう上司は、Z世代の部下にとって信頼できる存在と言えます。

第3章

【ポイント2：成長】

「この会社なら スキル・経験が得られる!」と思える環境づくり

3-1 「会社は守ってくれないから、スキルと経験が大事」と、Z世代は考えている

第1章で、Z世代は副業の解禁について、「これからは会社が社員に責任を持たなくなる」と思っていると言いました。副業の解禁だけでなく、Z世代は、たびたびある大企業のレイオフやベンチャーの倒産のニュースも、2019年にあった経団連の会長の「経済界は終身雇用なんてもう守れない」という発言なども知っています。

つまり、Z世代には「会社は自分を守ってくれないんだな」という感覚が確実にあります。「この先、何があるかわかんない」と。なので、「早く自分で何とかするしかない。そうしなければ逃げ切れない」と焦っているわけです。

この「会社は最後まで守ってくれない」という感覚が、Z世代の「スキル重視」に直結しています。

また、Z世代には「上の世代は自分たちの世代を食い物にしている」という感覚もあります。たとえば、国の予算を見ると、医療や福祉で高齢層に手厚くなっていて、お金が若

者のところにあまり回ってきていないことがわかります。「政治は票集めだから、そうなるのもしょうがない」といったSNSの投稿も目にします。**なので、「Z世代 vs. 上の世代」という構図の世の中に見えるわけです。**じつは、これも「会社は守ってくれない」という感覚を強化しています。Z世代の頭の中では、基本的に上の世代・会社・国がニアリーイコールになってしまうんです。

こうしたZ世代の感覚を前提に考えれば、「スキルを磨く環境を与えてくれる会社がいい会社」となるのは自明です。

だから、Z世代は「仕事を任せてもらう」とすごく喜びます。自分のスキルを高める絶好の機会になるわけですから。その意味では「兼任」も有効です。

たとえば、わたしの会社では新入社員にSNSマーケティングを兼任してもらっています。対象は「手を挙げた人」で、お願いする際には「これは自己研鑽《けんさん》のための業務で、あくまでもあなたのメインは営業だからね」と、きちんと伝えて、本人が納得したうえで兼任してもらうようにしています。もちろん、どこまで任せるかといったことも、ちゃんと擦り合わせをしています。

会社側からすると、「ありがとう」でしかない兼任なのですが、本人はとても積極的に取り組んでくれます。そういう様子を見ても、Z世代のスキル重視を実感するわけです。

ちなみに、わたしの場合、兼任する社員には「自分がやりたいと言ったことに対しては最後までやりきろうぜ」という話をしています。それで「兼任で大きな成果が出たら、その仕事に移りたいとかもっとお給料がほしいとか、提案してきてよ」と伝えています。

「前提条件の違い」と「認識のズレ」への対応が大事

わたしの会社は、先に述べたような教育テーマパークを目指していますが、やはり、あくまでも会社であって学校ではありません。なので、自己研鑽は「本人のエゴ」と、ある程度割り切っています。社員たちもこういう線引きに対して不満は言いません。

Z世代に限らず、基本的に人間が不満に思う理由は、次の2つしかないのではないでしょうか。それは「前提条件の違い」と「認識のズレ」です。

わたしの会社の兼任の話で言えば、「自己研鑽だから給与の上乗せなし、評価なし、ここまで任せる」といった前提条件を、事前に本人ときちんと擦り合わせているから文句が出ないわけです。こうした擦り合わせがなく、お互いが理解している前提条件が違っていたら、「こんなはずじゃなかった」と必ず不満を抱くでしょう。

認識のズレというのは、同じ事柄に対して、自分はこう思っているが、相手は違うことを思っている状態です。たとえ事前に前提条件を擦り合わせていたとしても、実際に物事を進める過程で細かくコミュニケーションが取れていないと、何かと認識のズレが生じてわだかまりとなり、必ず不満を抱くようになります。

ビジネスに限らず、恋愛でもそうではないでしょうか。「つき合い始めの頃はこう言ってたじゃないか」とか「来年、結婚すると思ってたのに」とか、こういう不満を抱く原因は、まさに「前提条件の違い」と「認識のズレ」ですよね。

要するに、上司は部下に対して「前提条件の違い」と「認識のズレ」を意識しながら、そうならないように丁寧に接することがとても大事です。

先ほど、「Z世代は『Z世代 vs. 上の世代』という構図で世の中を見ている」と言いました。これも「前提条件の違い」と「認識のズレ」という観点から説明することができます。スキルを早く身につけたいと焦っているZ世代の部下に対して、上司は「いまは辛抱して、とにかく目の前の仕事を頑張っていればいい。そう焦るな」と思いがちです。「自分は何年もかけてこのスキルを身につけたんだから」と。

しかし、「それじゃ、遅すぎるんだよ」というのがZ世代の感覚で、かつ「何年なんてかけなくても、そんなスキル、すぐ身につくだろ」と思っているわけです。

たとえば、最近は寿司職人の修業期間がどんどん短くなっています。何年も安い給料で辛抱しなくても寿司は握れるし、「この道50年の職人さんと食べて比べても、味、変わんないじゃん」と思う若者が増えているのでしょう。

また、寿司職人のノウハウを紹介するＹｏｕＴｕｂｅもあります。実際、２０２２年に創業した「有楽町かきだ」の大将の蛎田一博さんは、ＹｏｕＴｕｂｅを見て握り方を覚えて、修業０日で東京・有楽町でお寿司屋さんを始めたといいます。

蛎田さんは30代前半なので、Ｚ世代に入れてもいいでしょう。本業は転職会社の社長さんですが、お寿司屋さんのほうもとても流行っていて、店舗が順調に増えています。

もちろん、寿司の握り方に限りません。いまはあらゆる事柄に関して、ＹｏｕＴｕｂｅやＳＮＳなどインターネット上に学ぶ機会や情報がたくさんあります。なので、ビジネスのスキルもすぐ学べるし、理解できるし、身につくしと、Ｚ世代は思っているわけです。「辛抱なんて無駄だろ」と。

さらに言うと、こうしたＺ世代の感覚について、部下は「上司に言っても無駄、どうせわかんねえだろ」とも思っています。なので、上司に話すことはいわば上辺だけになりがちです。そういうＺ世代の態度が、上司からすると「冷めている」ように見えるのでしょう。

「Z世代 vs. 上の世代」という構図を生む前提条件の違い

このように、スキルを身につけることに関するZ世代の部下と上の世代の上司の感覚の違いについて、あらためて考えてみると、まず「前提条件の違い」があることがわかります。

上司が新入社員だった昔に比べて、いまは格段にネット上の情報の量が増え、情報の質もよくなり、情報の伝播のスピードも速くなっています。これが前提条件の大きな違いです。

なので、会社での経験を重視する上司から「何年か辛抱しろ」と言われても、ネット情報を重視する部下は「何年もかからないこと、わかってるし」と、聞く耳を持ちません。もっと言うと、部下には上司がただ座ってお給料をもらっているだけに見えるので、「ChatGPTとかテクノロジーがあるし、もう上司、要らないじゃん」とさえ思っています。

また、上の世代の上司の中には、いまだに「会社は最後まで守ってくれる」と思っている人が少なくありません。この点は「会社は最後まで守ってくれない」というZ世代の認識と大きくズレています。こういう「認識のズレ」があると、どうしてもお互いに「わかり合えない」となりがちです。**逆に言うと、せめて「会社は守ってくれない」という認識だけでも共有できれば、Z世代の部下と上の世代の上司は、より深い会話ができて、お互いにわかり合えるはずなのです。**

ただ難しいのは、「何年か辛抱すれば自分くらいには必ずなれる」と思っている上司に対して、部下は「ただ座っているだけじゃん、そんなの嫌だ」と思っている点です。上司にしたら「ただ座っているように見えても大変なんだぞ、やってみたらわかるよ」という思いがあるでしょうが、それはZ世代には、やはり伝わりません。

そもそもZ世代は我慢しませんから、「わかるまで何年も辛抱しろって？　いや～、無理、無理」となります。あるいは、焦りがあるから、「辛抱しているうちに会社が潰れたり首を切られたりしたら、あんた責任取ってくれんの？」となるわけです。

そういう意味では「Z世代 vs. 上の世代」という構図がますます強化されていくように思えます。ただ、先に「実際に物事を進める過程で細かくコミュニケーションが取れていないと、何かと認識のズレが生じる」と述べました。これは逆に言うと、「一緒に仕事をする中で細かくコミュニケーションを取れば、認識は一致していく」ということです。

要するに、Z世代の部下が「自分のことをわかってほしい」と思っているように、上の世代の上司も「自分のことをわかってくれよ」と思っているわけです。お互いわかり合うためには、お互いに丁寧に接していくしかありません。

上司の「いまの若いやつは何を考えているかわからない」と、部下の「上は何もわかっていない」というのはよく聞くセリフですが、「わからない」と言ってコミュニケーションを打ち切ったほうが手間がかからないから楽なのです。でも、そこを乗り越えて丁寧に接していく必要があります。

さて、どちらから細かいコミュニケーションを始めるのか。部下には会社を辞めてほしくないと思っている上司に決まっていますよね。

3-2

「自分の市場価値を上げたい！ でも、何をすればよいのかわからない」が、Z世代の本音

Z世代には、そもそも自分をわかっていない人が少なくありません。実際、わたしもそうでした。ただ、そういう人でも「自分の市場価値を上げたい」とは思っています。でも、自分の強みや自分の適性がわかっていないので、何から着手していいのか、自分に合った取り組みがわからず、やみくもに焦っています。

つまり、Z世代の焦り方の多くは、「ヤバい、ヤバい。何かしないと、もっとしないと」という漠然としたものなんです。そういう焦りを抱えているところに、会社員なら当然、ルーティンの業務が降ってきます。やらないといけないから一応やる。ただ、やっているものの「これだけだとヤバいんじゃないか、もっと何かしないと」と、焦りは消えるどころか増していきます。

加えて、先にも述べたように、「世の中、この先どうなるかわからない。会社も守ってくれない」という不安を抱えています。なので、自分自身のゴールも置けなくなっています。

要するに、多くのZ世代は、自分の強みや適性がわからず、ゴールもないので、やるべ

きことの優先順位をつけられず、いまの自分のレベル、あるいはいまの状況がどうなっているのか、じつは判断できていないわけです。就職の相談にくる学生たちと話していると、そう感じます。

Z世代が言う「自分の市場価値を上げたい」は、何も大げさなものではありません。「どうなっても食いっぱぐれない人間になりたい」とか「どこに行っても通用する人間になりたい」というイメージです。

わたしの会社の就職相談では、まず自分を理解してもらうようにしています。そのうえで、こうやっていったらこうなるといったキャリアのロードマップ的なものを見せてあげるようにしています。つまり、将来こうなるという、自分なりの仮説をイメージしてもらうわけです。

具体的には「年収これぐらいだと、こういう生活ができるよね」とか「のちのちは起業っていう選択肢もあるよね」といった話をします。

要は、パターンA、パターンB、パターンCとキャリア形成のモデルを例示しながら説明をするわけですが、すると、学生は自分の将来のイメージをつかめるようになります。

そうした作業を経たうえで、就職先となる企業の特徴なども分析しながら、「あなただったら、こういう会社でキャリアを積んだほうが、より市場価値が上がると思う」といった話もします。

じつは、会社に入ってからも同じようなキャリアアドバイス的なことがZ世代には必要です。いまは世の中の動きが速すぎるし、情報過多だし、入社するとリアリティ・ショックも受けます。そうすると、学生の頃に思い描いていた将来イメージがすぐに崩れていって、自分がどのようになっていきたいか、再びわからなくなってしまうのです。すると、「いまの仕事、合ってないんじゃないか」という話になりがちです。

なので、上司は部下に対して、この会社に勤め続けたらどうなっていくのか、きちんと細かく説明してあげる必要があります。求められるのは、いついつには収入がいくらになって、こういうポジションになって、生活がこういう状態になる。その中で、こういうことが派生して、スキルはこう上がっていくから、食いっぱぐれないようになる。こうした具体的な説明です。

先ほど「細かくコミュニケーションする、丁寧に接することが大事」と言いましたが、そういうキャリアアドバイス的な説明も含まれます。たとえば、将来的に起業したいと思っている部下には「それなら、こういう順番で部署異動していけばいいよね」といったアドバイスが必要です。

要するに、Z世代社員は働くことに関する解像度が低いので、上司はそこを適切に引き上げてあげないといけないわけです。

Z世代に一番刺さるマネジメントのやり方とは

基本的に、いままでやってきた過去の経験、特にうれしかったことが自分の強みに変わります。つまり、成功体験が積み重なって強みになるわけです。キャリアは、そういう過去軸と、将来どうなりたいかという未来軸の両輪で考えないといけません。なので上司には、ロールモデル的な未来軸を見せて、部下の過去軸から出てくる強みに気づかせて、「こうなんじゃないか」という仮説を当てながら両軸を結びつけてあげるコミュニケーションが求められます。

上司にとって難易度が高いコミュニケーションですが、Z世代には「黙って言うとおりにしていればいいんだ」といった話は通じません。なので、こういうふうに丁寧に接するしかないし、それがZ世代に一番刺さるマネジメントのやり方なのです。

たとえば、わたしの会社では、上司が部下に次のような話をしています。

「オレが上司で君が部下やん。一定の評価をされているからオレはこのポジションにいると思う。君がこのポジションにより早く立ちたいのであれば、これからどうするか、きちんと考えないといけないよね。オレと君を比べると、AとBのスキルが足りないと思う。Aは、○○の仕事で培われるものだから、まずそれをやるべきだし、Bは本を読んで学んでいかないといけないし……」

あるいは、「いま、自分は何者か言える状態?」「そもそも君の強みは何なん?」「いま強みを生かせている?」「いまの方向性は合っているの?」といった質問をして、自分のキャリアに関して言語化してもらっています。

キャリアアドバイス的な話は、まず入社時にして、あとは半年に1回など、定期的な「振り返り」の機会にしていくかたちを取っています。とにかく入社1年目、なるべく早い段階で、上司と部下がキャリアに関して適切に擦り合わせをしておくことがとても大事です。それも含めて、上司と部下が一緒に「この点は達成できたかな?」などと定期的に振り返ることで、コミュニケーションがより具体的で細やかなものになるわけです。

Z世代の部下は、スキルに関して上司が提示した「こうなんじゃないか」という仮説が魅力的であれば、ひとまずそのとおりに取り組むので、すぐに会社を辞めたいとは思いま

せん。

ただやっかいなことに、繰り返しになりますが、Z世代は、SNSで同世代の投稿や「未経験マーケッターでも年収1000万円」といった広告を見て、常にいまの自分と比較します。それが会社を辞める理由につながるので、上司は、部下のいわば思い違いを修正しながら、丁寧にコミュニケーションする必要があるわけです。

たとえば、Z世代には「SNSマーケッター」に憧れて会社を辞めたいと思う人が少なくありません。確かにデータ分析・調査といったサイエンティスト側の仕事はキラキラして見えます。ただし、実際の業務はかなり高度で、新卒1年目の未経験者ができるような仕事ではありません。そういうことがわかっていないから安易に転職を考えるんです。上司はそういうことまで細かく説明してあげる必要があります。

出世よりも起業に関心を持つZ世代が多い理由

よく上司は、自分が課長なら課長、部長なら部長になるまでの失敗談や成功談を話したがりますが、Z世代にはそういう上の世代の体験談はあまり刺さりません。

Z世代は、そもそも新卒で入った会社に長くいようとは思っていません。あるいは、「この先、会社がどうなるかわからない」とか「いつクビになるかわからない」と思っています。

なので、課長、部長どころか、いま勤めている会社の社長になりたいと思っているZ世代も、おそらくゼロと思っていたほうがよいくらいです。

そういうZ世代に対しては、上司の体験談よりも、「この会社で実力を磨いたら、独立して社長になれるぞ」という話のほうが、社内での出世を考えていない分、刺さるかもしれません。

わたしの場合も、会社に新卒で入ったときに「この会社の社長になりたい」とはまったく思いませんでした。もともと、「スキルを身につけて、いつか自分で起業したい」と漠然と考えていましたが、それよりも当時、強く思っていたのは「AmazonとかGoogleとかに転職したい」ということでした。

AmazonやGoogleに憧れたのは、大企業だからではなくて、世の中的に価値が高そうとかすごいスキルが身につきそうとか、それこそ「市場価値＝Google」みたいなイメージを持っていたからです。

じつは、Z世代には「いつか起業したい」と思っている人が少なくありません。ただし、どういうビジネスかは具体的に考えていないケースがほとんどです。とりあえず起業したい、自分一人で稼げるスキルがほしいと思っています。そう思う根底には、繰り返し述べているように、「会社は守ってくれない」という不安があります。それと同時に、「起業のほうが生き残れない確率が高い」という認識も抜け落ちているのです。

なので、上司が部下から「いつか起業したい」と言われたら、まず「何をやりたいの？」などと聞いて、部下の思いを丁寧に解きほぐしてあげることが必要になります。

わたしの会社でも「起業したい」と話す社員は多くいます。そういう話が出たときに、わたしは必ず「何で起業したいんや？」と深掘りの質問をします。すると、答えられないことが多いのです。答えられたとしても、「それだったら副業にしたら？」というレベルだったりします。「会社辞めて起業したら、毎月の安定的な収入がなくなんねんで。生活できるの？　その覚悟はある？」といった話もしていきます。

こういう会話がZ世代にとっては「解きほぐし」になります。大事なのは思っていることを全部話してもらうことです。たとえば、わたしの会社の社員だと、「SNSの運用代行で起業したい」というZ世代がけっこういます。「どうやって案件取るん？」「いまのスキルで何ができるん？」といった質問をしていくと、現状を認識するようになって、気持ちが落ち着いていくわけです。

起業したいと思っている人も含め、自分の市場価値を上げたいと思っているZ世代ですが、何をしたらいいかよくわかっていないのが実情です。なので、「とりあえずこの会社に3年いたら、どこの会社に行っても通用する営業になれるよ」といった言い方が刺さります。起業したい部下なら、「起業するためには営業力って絶対必須じゃない？」といった話をまじえながら、「1年目はこういう仕事をしてこういうスキルが身につく、2年目はこう、3年目はこう」と、具体的な話をしてあげることも必要です。

わたしも新入社員の頃に上司から「ぶっちゃけ、こんだけ難しいものを売ってるんだから、うちを出たら、どこ行っても通用するからね」などと言われたことがあります。それが1年9カ月とはいえ、勤め続けられた理由の一つでした。

3-3 「これを達成すれば、次はこれができる」を用意してあげると辞めない

焦っているZ世代は、何事も「広く浅く」になりがちで、「深掘り」するのが苦手と言えます。なので、キャリアについても、周りの人と比較したり情報を集めたりすることは得意ですが、自分のことを持続的に考えるということが苦手です。

そういうZ世代に対しては、上司がヒアリングしてキャリア開発のロードマップ的なものを用意してあげる必要があります。たとえば、25歳、30歳、35歳、40歳と節目の年齢ごとに、その年齢に自分はこういう状態になっていたいという「Will《ウィル》」の部分をプライベートと仕事に分けて聞き出して、それを実現するための行動計画表を一緒に作ります。その際には、各年齢のロールモデル（キャリア形成のモデルになる人）として、社内の先輩だけでなく、社外の先輩の例も示すなど、部下の「Will」と行動計画の解像度をできるだけ上げる工夫も必要です。

わたしの会社では、たとえば「マーケティング部門のリーダーになりたい」という社員には、まず「何でマーケのリーダーになりたいの？」と聞く。そのうえで「本気でなりた

いのであれば……」と、「業務内容はこうだから、こういうスキルを習得しておかないと難しい」という説明をする。それで「じゃあ、いまはこういうところを意識して仕事したほうがいいよね」というキャリア開発的な話をするようにしています。

「ここまで達成すれば次はこの仕事ができる」といった話は、会社の評価制度とも関わってきます。つまり、何がどういう状態であれば、別の仕事ができるとか、上の役職に行けるとか、定量評価や定性評価の基準が明確に言語化されている会社のほうが社員は持続的に頑張れます。

とはいえ上司は、会社の評価制度が整っている、整っていないにかかわらず、キャリア開発のロードマップ的なものを用意する必要があるし、そのために部下を丁寧にヒアリングする必要があります。上司として部下の「Ｗｉｌｌ」をきちんと理解することは、やはりとても大事です。基本的に社員は自分の「Ｗｉｌｌ」が達成できる会社であれば、簡単には辞めないわけですから。

キャリアに対する考え方は4つのタイプに分かれる

ただし、Z世代には「将来、どんな仕事をしたいのか」が自分でわかっていない人が少なくありません。なので、「Will」は基本的にプライベートに関することになりがちです。たとえば、ヒアリングしても「普通に結婚して、年収800万円くらいで平凡に幸せに暮らしていきたい」と言ったりします。

そういう部下に対しては、上司が「じゃあ、年収800万円稼げるようになるには、どんな仕事をしていけばいい？」という話をする必要があります。

また、仕事内容に関して「知らないだけ」という人もいます。そういう場合には、「たとえば、人事キャリアの人はこうだし、営業キャリアの人はこうだし」とロールモデルを伝えてあげる必要があります。要するに、キャリア開発ロードマップづくりはすべて個別対応になるわけです。

そもそもキャリアについてZ世代が何を中心に考えているかというと、主に次の4つのタイプに分かれます。

①お金を稼ぎたいタイプ
②自由にやりたいタイプ
③スキルを上げたいタイプ

④意欲がないタイプ

割合でいうと、②の自由が最多、次が④の意欲なし、その次が①のお金。③のスキルが最も少ないという印象です。

キャリア開発ロードマップづくりは、当然ながら「③スキルを上げたいタイプ」が一番楽です。本人が自分のやれる仕事を増やしたいと思っているのですから、「じゃあ、こうしていこう」という話がすぐにできます。

上司としては、「②自由にやりたいタイプ」が一番難しいです。「あれもこれも嫌」という感じになりがちだからです。たとえば、「自分の時間がほしいから休みを増やしたい」と言ったりするのですが、「休みに何するん?」と聞くと、特にないわけです。「何かしんどいんで……」といった理由しか言えなかったりします。つまり、②のタイプに対しては「なぜ自由にやりたいのか」、その解像度が上がるように、より丁寧にヒアリングをする必要があります。

また、「①お金を稼ぎたいタイプ」と「②自由にやりたいタイプ」の人が起業したがります。スキルや考え方が未熟なのに見切り発車して、失敗するZ世代をたくさん見てきました。じつは、わたしも見切り発車組で、失敗しかけたのですが、何とかしのいで今日に至っています。

Z世代の場合、起業もそうですが、年収や自由度、スキルに関しても、繰り返し述べているように、SNSに触発されて「自分もこうしたい」と思っているケースが多いので、いわゆる付和雷同的になりがちです。

もちろん、こうしたZ世代のキャリア観も、結婚したり子どもを持ったりしたら変わってくるものなのではないかとは思うのですが。

意欲があってもスキルがないケースが圧倒的に多い

わたしが知っている起業したZ世代で言うと、キャリアに関する主軸がお金や自由にある人は、ほとんど個人事業主で、年商で言っても1000万円とか2000万円というレベルにとどまっています。

結局、スキルをキャリアの中心に据えて考えられる人でないと、起業するにしろ会社員を続けるにしろ、うまくいかないようです。「もっと自分の能力値を高めたい」という強いマインドを持っている人たちは、起業しても基本的に成功しています。「このままの自分でいい」と思っている人たちは稼げていません。

ただ、年収600万円ぐらいはいきます。それでも会社員よりは自由度が高くて、いまのところのんびりやれているから満足という個人事業主が少なくありません。たとえば、わたしの知り合いで社会保険労務士（社労士）をしている人がそういう人で、毎月2万円で50社と長くおつき合いしています。仕事はそれでもう十分で、家庭を大事にしています。

社労士という資格があるからこういうやり方も成立するのでしょうが、基本的に「②自由にやりたいタイプ」が個人事業主になると失敗しがちです。先ほども述べたように、起業に対する解像度が低くてスキル不足のまま起業するからです。

結局、お金や自由を手に入れたいのであれば、より高いスキルを身につけて、できることを増やさないといけないわけです。起業で言えば、「スキルがあるからお金が稼げる」、「お金があるから人が雇えて、自由な時間が増える」という順番になります。なので、スキルを中心に据えないと成功しないのだと思います。

会社員で言っても、やはりスキルがない人は年収が低く、スキルがある人は年収が高いですよね。特に自由にやりたい人は、誰かにあれこれ言われるのが嫌だから、なかなかスキルが上がりません。スキルを上げるためには、仕事にしても勉強にしても、不自由な時間がどうしても必要だからです。

ちなみに、わたしの知り合いには、自由にやりたいと起業して、失敗して、また会社員に戻った人も少なくありません。やはり世の中にもまれたせいでしょう。みんなスキル重視に変わっていています。

わたしの場合は、お金とスキルを重視しています。もっとスキルを高めて、できることを増やしていかないと、これ以上お金が稼げないと思っています。また、「世の中の『ありがとう』の対価がお金だ」というのがわたしの考え方です。世の中をよりよくしていきたい。そのためには、もっと勉強しないといけないとも思っています。

だからわたしは、誰よりも朝早く出社するときもあるし、クライアントを1日に何社も訪問するし、朝から晩まで働いています。その点では社員よりも格段に不自由です。

わたしからすると、社員の働き方のほうが難易度は低く、余裕に見えます。経営者には資金がなくなる恐怖や社員を食べさせないといけないしんどさがあるので。自分の会社員時代を振り返っても、安定的に毎月、給料をもらえるって楽だったなと思います。それで家庭を作って家族のために働く。それはそれで幸福だったんだろうなと。

でも、いまのわたしは、もうあとには引けません。いったん刀を抜いたからには、もう鞘《さや》には戻せないと覚悟しています。

Z世代の会社員なら1年間の手取りは400万円くらいでしょう。じつは、学生でもそれくらい稼いでいる人はたまにいます。わたしも大学時代、ブランド品の転売などで、よかったときは月100万円くらい稼いでいました。

それが会社員になったとたん、給料が月20万円くらいになって、新卒1年目だから当たり前なのですが、かなりへこみました。「大学じゃあ、自由に遊びながら商売してもっと稼いでいたのに、こんなに毎日テレアポとかして、たった20万円かよ、アホらしい」と。

そういう不満をSNSにも頻繁に投稿していました。

わたしの場合、学生時代からお金を稼ぎたいと思っていたし、会社員になってからも思っていたわけです。

社会人の当たり前が理解できているZ世代はすごく少ない

大学生で言うと、お金とか自由とか思う前に、そもそもキャリアに関してわかっていない、考えていない人が多い印象です。わたしのようなパターンはやはり少数派だし、特に自由にやりたいと思うのは就職してからです。大学時代に自由にやっていた分、その反動がくるのです。

先述したリアリティ・ショックは、こうした面でも起こるんです。会社で働くのが初めてだから「こんなに不自由なの？」とショックを受けます。

学生時代は「人生の夏休み」と言われるくらい自由です。自由に履修を組んで、自由に登校して、自由にバイトしてといった時間の使い方です。それが会社ではできません。上司に怒られる、毎日出社しないといけないとなったときに、会社に自由を奪われていると感じます。

わたしも新入社員のとき、朝からテレアポをやらされて、学生時代とのあまりの違いにショックを受けて、「うわっ、しんどー」と、すぐに会社が嫌になりました。

わたしの場合、会社に入ったとたん仕事をバリバリやらせてもらえると思っていました。就活中も、毎日テレアポとかまったく想像していませんでした。なので、上司から「お客さんを獲得するまでは一生テレアポが続く」と言われたときには、絶望しかありませんでした。「これ、この先10年とかやんの？」と、どん引きしました。

要は、学生の頃はキラキラした部分しか見ていなかったんです。お客さんも自分で取ってくるんじゃなくて、会社が全部割り当ててくれると思っていました。それで言われたところに行けば、大きい仕事ができるんだと。残業とかも想像していませんでした。

就活中でさえ、おしゃれなスーツ着て、キラキラ働いて、お金もそこそこ稼いで、大企業のお偉いさんと商談しているエリートサラリーマンをイメージしていました。それなのに、いざ会社に入ってみたら全然違ったわけです。

なので、「一生は絶対無理。でも、1年は死ぬ気でやりきる。ただ、1年耐えられたらすごいな」と思っていました。実際、1年経たない間に同期が何人かぽろぽろと辞めていって、心が折れそうになりました。

いま思うと、SNSには「社会人はつらい、しんどい」という投稿がたくさんあったはずです。でも、学生のうちはまったく見えていませんでした。

就活中に先輩から「しんどいで、つらいで」と言われたこともありましたが、「そうなんすねー」と、受け流していました。まったく刺さっていなくて、「そりゃ、つらいことはあるでしょ?」と、自分ごととして受け止めることができずに、いわばなめていたということです。

わたしのところに就職相談にくる学生たちと話していると、本当にあの頃のわたしと同じだなと感じます。

結局、お金を稼ぎたい、自由にやりたいなら、その解決策はスキルを上げるしかないわ

けです。どんなに起業したいという意欲があっても、スキルがないまま起業して成功している人はいません。当たり前なのですが、それをわかっているZ世代はすごく少ないという話です。

会社員も同じです。なので、上司はキャリア開発ロードマップを部下と一緒に作っていく際に、部下の「Ｗｉｌｌ」を「スキルを上げたい」という方向に落とし込んであげる必要があります。

Ｚ世代のキャリア観については、「意欲がないタイプ」と「意欲があるタイプ」の２つに大別できて、意欲の中身はたいてい「お金」か「自由」で、そういう意欲があってもスキルがない人が圧倒的に多い、という言い方もできます。

わたしも、お金を稼ぎたいから仕事をバリバリしたいと、やる気満々で会社に入りました。でも、その意欲がスキルを上げるということと結びついていませんでした。つまり、仕事をバリバリするためにはスキルが必要で、そのためには泥臭いこともしなきゃいけない。こういう当たり前の回路に気づいていなかったわけです。

加えて、ＳＮＳから影響を受けやすいＺ世代には、「錯覚しやすい」という特徴もあり

ます。たとえば、10歳以上も年上の会社員のSNSを見て、「自分よりもお金を稼いでいて、いいな」とうらやましがります。働いている年数が違うから当たり前なのですが、そこに気づかずに、「お金がないのは、こんな会社で働いているからだ」と、ある意味、錯覚して不満を抱えるわけです。

特にSNSでは、成功している人たちは泥臭いことは投稿せずに、いいことしか投稿しません。自分がしてきた努力に関しても、本当は血のにじむような努力をしているはずですが、極めてシンプルに伝えるので、Z世代はそれだけを見て「自分にもできる」と錯覚するのです。

部下の意欲をスキルアップの方向に誘導する

上司にしたら、部下のスキル不足はひと目でわかるはずです。しかし、そこをガツンと注意したり叱ったりしたらダメなんです。求められるのは、あくまでも部下の意欲をスキルアップの方向に誘導するコーチングです。

部下もスキル側に誘導されたほうが人生は確実に豊かになります。わたしの場合、残念ながら会社員時代にそういうコーチングを受けることはありませんでした。なので、見切り発車で起業していまいました。ただ、起業後に試行錯誤していく中で、もっとスキルを上げないと絶対に成功しないと気づくことができて、今日に至っているわけです。

たとえば、起業したい部下に対しては「起業するためにも、この会社で身につけておくべきスキルがあるのでは？」といった言い方も必要になります。

かつ、そういう話の中では「本当に起業しないといけないのかな？」といった質問も挟んだほうがいいです。先述のとおり、じつは、「何で起業したいの？」と意図、目的、背景を深掘りして聞いていくと、うまく答えられないZ世代がほとんどです。それを確認したうえで、「もう少しこの会社でスキルを身につけたほうがいいんじゃないの？」などと伝えたら、うまくスキル側に誘導することができるはずです。

ちなみに、わたしのところには、Z世代から起業相談が寄せられます。「この事業には、こんな社会的意義がある。世の中の負を解決するために自分がやらないといけないんだ」といった、しっかりした考えがあれば起業したほうがいいと思います。でも、聞くと「自由にやりたい」とか「税金を払いたくない」とか、そんなレベルの答えがほとんどです。起業の意図、目的、背景の解像度が低くて、しかもスキル不足のまま起業したら、失敗して当然ですよね。

また、先ほど、「自由にやりたいタイプに対しては、より丁寧にヒアリングをする必要がある」と言いました。このタイプを上司がスキル側に誘導するには、やはり深掘りする質問からスタートするといいです。つまり、まず「なぜ自由にやりたいのか?」、その意図、目的、背景をすべて言語化してあげる必要があるわけです。

丁寧に聞いていくと、何かに対して不満を持っているだけというところに行きつくはずです。たとえば、「残業多いから嫌だ、自由にやりたい」と。そうであれば、次に「なぜ残業が多いのかな?」と、仕事のやり方に関する質問に入ります。するとほとんどの場合、「自分の業務効率が悪いから」と気づくはずです。そこに気づいてくれたら、あとは「じゃあ、この時間を短縮するには、こうしたらいいんじゃない?」と、具体的な業務改善に落とし込んでいくことができます。

Z世代には「意欲がないタイプ」も少なくありませんが、そういう人をスキル側に誘導するには、まず「お金」の話をしてあげるのがいいです。

結局、そういう人の「Will」は、「普通の家庭を築きたい」なんです。「結婚して子どもを育てていくなら、どれくらいお金が必要かな?」といった質問をするわけです。

実際、30歳を過ぎると、だいたいの人は家庭を持つようなって「お金を稼ぎたい」という意欲を持ち出します。だったら新入社員のうちに、あるいは学生のうちに、ライフイベントごとに必要なお金に気づいてもらったほうがいいんです。

それで「家族を支えていけるお金を稼ぐためには、こういうスキルが必要なんじゃない？」といった話をしていきます。

大事なのは、ちゃんと深掘りして本人の根っこにある不満に気づかせてあげることです。それは同時に上司の気づきにもなります。

じつは「会社を辞めたい」でも同じです。深掘りして解像度を上げていくと、「上に上がれない」とか「給与が上がらない」といった辞めたい理由にも、その根っこに別の不満があることに気づくことができます。

3-4 成果を出せるZ世代には早めに部下をつけて、教育担当を任せる

スキルと経験を欲しているZ世代は、同じ仕事よりも、新しい仕事にやる気を出します。なので、たとえば入社2年目となったら、上司の業務の一部を任せるといった選択肢も考慮したほうがいいわけです。

特に1年目に営業などで成果を出せるような人は、スキルを上げたいという意欲を持っています。そういう部下には、スキルが上がるよりレベルの高い経験をさせてあげるべきなんです。

わたしの会社では、2年目の社員に新入社員の相談にのる教育担当（メンター）を任せるようにしています。当然、上司のほうは、メンターになった部下に教え方を教えるかたちになります。どういうコミュニケーションを取っているか見ていて、「みんなの前でそういう怒り方せんほうがいいで。怒るときは個別にして」などとフィードバックします。教育の成果も評価していますが、そういうやり取りの中には、本人のキャリア開発のロードマップ的な話も入ってきます。「これ、できたら、これ、できるようになるよね」と。

上司からのフィードバックで大事なのは、部下の意図、目的、背景をきちんと聞くことです。わたし自身、みんなの前で後輩社員を怒っていた先輩社員に「みんなの前で怒らんで」と注意した際、「いや、こういう意図、目的、背景があって」と説明されて、「なるほど、じゃあ、口、出さんとくわ」と、非常に納得した経験があります。

メンターの担当者へのフィードバックに限らず、何事においても意図、目的、背景の確認は重要です。たとえば、業務一つひとつの意思決定も何となくで進めたら絶対にダメなんです。

よくプレイヤーとして優れている人がマネジャーとしても優れているとは限らないと言われます。わたしもそう思っていたのですが、最近、その考えが変わりました。結局、ある程度成果を出した経験がないと仕事を教えられないのです。

また、よく弱みをなくすのではなく強みを伸ばしたほういいと言われます。でも、仕事のできる人は自分で弱みと言っている部分でも、はたから見るとまったく弱みではなくて、むしろ一定以上のレベルだったりします。つまり、仕事のできる人は全体的なスキルセットのレベルが高いんです。

なので、プレイヤーとして優れている人はマネジャーとしても優れていると考えたほうがいいし、成果を出している部下には、早めに新人教育を任せて大丈夫なはずだと考えています。

大事なのは、自分の仕事で成果を出している人に新人教育を任せるという点です。成果を出していない人がメンターだと、新人のほうから「何でこんな人に教えられなあかんねん」という不満が出てくる可能性が高いからです。

なかには「教え方が下手だな」という人もいますが、これは基本的に慣れの問題で、時間が解決してくれます。なので、上司は「失敗はありき」で、まず任せてみることが大事になります。

ちなみに、Z世代にはプレゼンを嫌う人が多いのですが、これも慣れの問題です。学生時代はプレゼンの機会があまりないので経験が少ないわけです。やったことがないことに対して緊張するのは当たり前です。何度かやっているうちにだんだん緊張しなくなるし、失敗もだんだんなくなっていくのです。

メンターになったZ世代は、新しい体験からくる刺激と同時に、後輩社員に頼られること、そして、上司から任されたことがシンプルにうれしくて、大いにやる気を出してくれます。

特に一定の役割を任されることは、承認欲求が強いZ世代にとって、ほめられたと同じ感覚なんです。つまり、「よく頑張ったと認められたから、期待されて任されたんだな」と思うのです。実際、上司は頑張っていない人には任せないでしょうが、先にも述べたように、Z世代は「よく頑張っているね、教育担当も期待しているよ」などと、はっきり言ってあげたほうがより一層やる気を出します。

失敗しても怒らず、振り返りを丁寧に行う

何事も成長するためには失敗も大事です。かつ、部下が失敗したときに重要なのは、上司は決して強く叱らないこと。Z世代は、怒られ慣れていないので、「だったら、もうやらない」とやる気を失いかねないからです。なので、上司は怒るのではなく、「何で失敗したと思う?」といった振り返りのコミュニケーションを丁寧に取ってあげるべきです。

わたしの会社では、上司が「何で失敗したと思う?」という振り返りの中で、「いつに何をどのようにするか」というネクストアクションまで部下本人に決めさせるようなコミ

ユニケーションをしています。

要は、「失敗しないために、今後どうしたらいいか」を自分で考えてもらうのですが、なかにはうまく答えを出せない部下もいます。でも、そこで上司が一方的に「こうしろ」と指示したら、本人の成長にはつながりません。なので、「どうしたらいいですか?」と聞いてきた部下に対して、上司は「自分で考えてほしいから、質問に質問で返して申し訳ないねんけど、どう思う?」と、根気よく意見を聞き出していくわけです。

わたしの場合、何か失敗があったときには、まず事実ベースで事象の確認を行っています。「誰々がこういうことをやった。その結果、こういう失敗につながった」と。それで「時を戻したら何からする?」といった話を社員たちとするようにしています。

憶測で話すのが一番ダメです。あくまでも事実ベースで見て、失敗した要因がわかったらそれをなくすための動きをする。あるいは、さらに深掘りして、「今後、失敗そのものをなくすことはできないか」といったコミュニケーションを取っています。

失敗に関しては「またやったらどうする?」という話も大事です。同じ失敗を繰り返すのは、本人が内省できていないからです。なので、「また失敗したら何する?」と、ペナルティを本人に決めさせています。なかには「坊主にします」と言った社員もいて、彼はまた同じ失敗をして、実際、坊主になりました。

本人が自ら考えてペナルティを決めるのがポイントです。**Z世代は、他人に決められたルールを言われるままに守るといった「やらされ感」を嫌がります。**一方で、自分で決めたことは律儀に守りたがります。なので、「自分で決めたことでしょ？」というのには説得力があるし、本人にとって納得感があります。それでも、ペナルティは苦痛ですから、また同じ失敗をしてペナルティを受けたあとには、もう繰り返さないようになるわけです。

失敗したときのペナルティに限らず、Z世代に対しては「本人が言ったことは本人に任せてやってもらう」という方向でコミュニケーションしていくことが大事です。

メンターを引き受けてくれた部下に対するフォローは必須

Z世代にメンターを任せる際には、できるだけ早めに打診して本人の意思を確認したほうがいいです。「期待しているから任せてもいい？」などと本人の意思を聞いてみるわけです。「じゃあ、明日からメンターをやって」といった乱暴なコミュニケーションは、断らないにしても不快に感じます。

繰り返しになりますが、メンターは成果を出せている部下に任せるということがポイントです。そういう人は気持ち的に「もっと仕事をしたい」とか「もっとスキルを上げたい」というポジティブな状態だし、なおかつ「期待しているから」と言われると、さらにポジティブなマインドになるので、まず断りません。

もう一つ、大事なポイントは「マネジメント側の経験を積むいい機会で、そのための失敗と学びの場だよ」という会社側の意図、目的、背景を理解してもらうことです。つまり、失敗を前提に任せるむねを伝えることで、引き受けるほうは余計なプレッシャーを感じずに済みます。こういう説明も、メンターをポジティブに捉えてもらうためには効果的です。

こうした丁寧な細かいコミュニケーションを取ると、Z世代は自ら進んで「やります」と言ってくれます。

なかにはごく少数派ですが、メンターを断るZ世代もいます。主な理由は、業務時間が増えることに対する嫌悪感です。要は「余計な仕事で、面倒くさい」と。でも、上司が意図、目的、背景を丁寧に説明することができれば、納得してくれるはずです。

じつはわたしも会社員時代、メンターなんて面倒くさいなと思っていました。でも、実際にやってみると楽しいんです。「あっ、オレ教えるの、めっちゃ好きやった」と、後輩に仕事を教えてみて初めて気づきました。それに「ケイさんみたいになりたいっす」と言われたりもするから、すごくうれしいわけです。

ただ、Z世代に関して注意したいのは、目の前の仕事に夢中になりすぎるという点です。先ほど触れた「自分で決めたことは律儀に守る」というZ世代の特徴ともつながりますが、自分でやると決めたメンターを頑張りすぎ、自分の本来の業務が疎《おろそ》かになりがちなのです。

わたしもメンターになった際、後輩の育成に時間をかけすぎて、自分の業績が落ちた時期がありました。それで業績を保つためにすごく残業が増えたのですが、そのときに「こんなに働いてるのに、給料これだけかよ」という不満を強く感じました。

上司は、こうした部下の働き方の問題を早めにキャッチアップして解決してあげたほうがいいわけです。結局、時間がないのは業務効率が悪いからなんです。上司は、部下が何にどれだけ時間を使っているのか、後輩に対する教え方も含めて、部下と一緒に業務の整理や改善を早め早めに行っていく必要があります。

メンターは大変な業務です。それを引き受けてくれた部下をほったらかしにしておいたら、部下のモチベーションは下がるだけです。下手をすると、それが「会社を辞めたい」につながっていきます。その意味でも、上司の細かなフォローが大事なのです。

3-5 尊敬できる先輩との接点を増やし、「ついていきたい」という気持ちを満たす

新入社員の仕事に対するモチベーションは、社内のロールモデル、つまり、憧れの先輩社員と話せる機会があって、悩んでいるときなどにフィードバックをもらえれば、かなり維持されます。その意味では、わざわざメンターをつけなくてもいいのかもしれません。わたしも会社員時代、憧れの先輩社員がいて、少し話すだけでモチベーションが上がったものです。その人とはいまも仲がよくて、たまにフィードバックをもらったりもしています。

じつはわたし自身、入社2年目には上司からロールモデル的に扱われていました。新入社員が集まるランチ会や飲み会にたびたび呼ばれて、「入社して1年目は業績ゼロだったけれども、すごく頑張って達成して、いまは花形部署に異動して活躍している先輩社員」と紹介されるわけです。わたしのようなパターンは、新入社員にとってすごくわかりやすいんです。なので、上司から「ちょっと教えてあげくれへん？」と。

もちろん、わざわざ憧れの先輩を作る必要はありませんが、社内にロールモデル的な人がいるなら、チームのランチ会や飲み会など新入社員が集まる場に呼んで、新入社員との接点を増やしてあげたほうがいいです。

ともすると、上司はロールモデル的な人を同じ部署内で間に合わせがちですが、社内全体を見渡して、別の部署にいる憧れの先輩もランチ会や飲み会に呼ぶべきです。新入社員には、どんな人が刺さるかはわかりません。なので、部署の垣根を越えて、新入社員が憧れそうな人、あるいは上司が新入社員に憧れてほしい人を、何人も見せてあげることが大事になります。

そういう場に呼ばれる先輩社員もうれしいものです。後輩から「さすがっすね」などとほめられたら、先輩のほうもモチベーションが上がります。もちろん、後輩は「先輩のようになりたい」とか「先輩を超えたい」といったぐあいにモチベーションが上がります。そういう相乗効果が社内で生まれたら、先輩も後輩も「この会社に勤め続けたい」となって大成功でしょう。

先にZ世代の特徴として「隣の芝生が青く見えやすい」と説明しました。つまり、社内にロールモデルが見つからなければ、すぐに社外、特にSNS上で見つけてしまいます。それが会社を辞めるきっかけにもなります。憧れの先輩との接点は、こうした動きの予防にもなるわけです。

ちなみに、わたしの会社にロレックスの腕時計を買ったZ世代の部長がいます。わたしは「みんなに買ったって言って」と頼みました。「社員たちはそういうのを見ると、もっと頑張るようになるから」と。予想どおり、「自分も買えるように頑張る」という反応が返ってきました。

また、わたしの会社では、特にスキルの頭打ちを感じているマネジメント層は、わたしも含め、社外のロールモデル的な人と積極的に接点を持つようにしています。会食などでは、その人のスキルを盗む勢いで、がんがん質問しています。

「真似することが成長の早道だ」と明確に伝える

もちろん、放っておいても、新入社員は憧れの先輩を見つけることはできるかもしれません。わたしも会社に入ってすぐに「あっ、この人、尊敬できるな」という先輩社員に出会いました。先ほど述べたように、その人とはいまも仲がよくしています。

とはいえ、社内全体を見渡してロールモデル的な人を探すような時間も余裕も、目の前の仕事に必死な新入社員にはないので、上司が接点を作ってあげる必要があるわけです。
やはり「この人のようになりたい」という憧れには、本人の成長スピードを速める効果がありますから。

ただ、少し問題なのは、Z世代には「人の真似《まね》」を嫌がる傾向がある点です。世の中的に「個性」とか「尖っている」とかが強調されているせいでしょうが、「誰かと同じことをしたくない」と思いがちなのです。

特に、起業に関してはその傾向が強い印象です。「独自の差別化」にすごく意識が寄っていて、たとえば、SNSにこういう事業で起業したいと投稿すると、「それって、あそことー緒じゃん」といった話になります。要は、「人の真似はダサい」という感覚が強いんです。

わたしも起業するときに、周りから「人材紹介って、同じもんがめちゃめちゃあるけど、どうするつもりなん？」とよく言われました。わたしの場合はZ世代だけでなく、上の世代からも言われたのですが。

なので、上司は「憧れの先輩のやり方を真似することが成長の早道だ」といったことも伝えておく必要があります。わたしの会社員時代で言うと、業績がまったく出せないときに、上司から「業績1位の社員の真似をしたほうがいい」と言われて、仕事のやり方などを真似するようになりました。変なプライドが打ちのめされたおかげで「何でもせなあかん」と腹を決められて、ようやく人の真似をすることができるようになった。それで実際、どんどん業績を出せるようになったのです。

ちなみにわたしの場合、起業してからのほうが成功している会社のやり方を取り入れるなど、大いに人の真似をするようになりました。自分の会社を成長させるためには、それこそ、何でもせなあかんわけですから。

3-6 面談は丁寧な個別指導の場。傾聴し、ほめ、「どうしたい？」と聞く

近年、いわゆる「1on1」の重要性が盛んに言われるようになりました。わたしは、1対1で話をする1on1を丁寧な振り返りと個別指導の場と捉えていて、毎月末には、社員全員とそういう1on1を行うようにしています。**特にわたしが1on1で大事にしているのは、傾聴すること、ほめること、「あなたはどうしたいの？」と尋ね、それを話してもらうことです。**

社員一人ひとりにも、「自分はこうなりたい」という将来像があるはずです。その将来像と、会社のミッション、ビジョンが一致している状態が理想なので、その擦り合わせも大事なポイントになります。「もっとお金を稼ぎたい」というのもその一つでしょうが、その背景には「何のために」というのが必ずあるはずです。1on1ではそういうことまでヒアリングするようにしています。

タイパをよくしたいZ世代は、上司が自分のために時間を割いて相談にのってくれるかどうかを重視します。たとえば、仕事のことでもプライベートのことでも、困っているこ

とをよく聞いてくれるかどうか。さらに、勉強会を開いてくれるなど、何か解決につながるアクションを起こしてくれると、すごく好感を持つわけです。そのためにも、普段から部下が話しやすい状態を作っておくことが必要になります。なので、上司と部下の1on1はすごく大事になるんです。

もちろん、傾聴するだけではなく、会社としての要望、つまり、本人の改善してほしい部分なども伝えるのですが、話す順番は指導が最後です。**振り返りの話が全部終わってから、最後に「ここをちゃんとしてほしいから、こうしたほうがいいんじゃない？」といった要望と指導の話に入るようにしています。**

振り返りでは、その月に「できたこと、できなかったこと」を順番に話してもらいます。それで、できたことに関しては「めっちゃすごいやん」などと、いちいちほめます。その後、できなかったことに対して「じゃあ、これは何でできなかったの？」とヒアリングして、「会社の方針はどうなんだっけ？」などとお互いの認識を擦り合わせながら指導していくわけです。

わたしの1on1は基本的に「定性」的な話、つまり数値化できないような内容の話をするので、コーヒーを飲み、甘いものを食べながらという感じで、「今月どうやった？」と、いわば雑談調でやっています。当然、個人の業績や評価に関する「定量」的な話をする1on1もありますが、こちらは現場のマネジャーがやっています。

要するに、わたしの1on1は「キャリア」に関する話が中心なんです。「どれぐらいやりたいこと、かなえたいことが前に進んだんだっけ？」とか「どれぐらい成長したんだっけ？」とか、そういう振り返りをしてもらっています。

業績の話も出ますが、それについて話す時間はごく短くて、「今月は何、学んだんだっけ？」とか「何、できるようになったんだっけ？」とか、そんな話ばかりしています。

わたしの場合、こうした「定性」の1on1では、お兄ちゃんが妹や弟と接するような気分になっています。なので、話していて元気がないと、「どないしたん？」と本当に心配になります。そういうときには「そう言えば、この前、マネジャーと言い合いしとったけど、関係あんの？」などと、直近で気になっていたことを聞くようにしています。

わたしの1on1の目的は「部下に不満や愚痴をこぼしてもらう」ことです。それをキャッチアップしたいというのがわたしの意図です。

なので、何か悩んでいるのに話したがらない社員とは、オフィスの近くの公園を散歩しながら話すようにしています。人間は、基本的にネガティブな気分のときは血流が悪くなっていると聞いたことがあるからです。スポーツ選手は体を動かして血流が良好だから基本的にポジティブなんだそうです。

確かに口の重い社員でも、「ちょっと外の空気吸いに行く?」と外に連れ出して歩きながら話していると、ぽろぽろと不満や愚痴をこぼしてくれます。

「怒られている」と感じられるコミュニケーションには要注意

上司と部下の1on1は「定量」的な話に重きを置きがちですが、Z世代にとっては「定性」的な話のほうがより重要です。

ただし、相手が上司だと本音を話しにくいというZ世代は少なくありません。そういう場合は、メンターに「ちょっと一緒にご飯でも行って、不満とか愚痴とか聞いてあげてくれへん?」などと頼んだほうがいいです。

特に新入社員は、目の前の業務に必死になっているので、「キャリア」のことを俯瞰《ふかん》して考える余裕がありません。なので、「本音を聞いたうえで、ちょっと視点を引き上げてくれへんか」といったリクエストを出しておくと、より効果的な1on1になります。

ちなみに、パーソル総合研究所の「職場での対話に関する定量調査」（2024年1月の調査、対象は20〜64歳の正規雇用就業者6000人）によると、「社内の本音コミュニケーションの度合いが高い層が、はたらく幸せ実感、ワーク・エンゲイジメント、ジョブ・クラフティング、個人パフォーマンスが高い傾向」にあります。

1on1とかキャリアとか成長とか、そういう言葉を使うと何かドライに聞こえますが、要は、会社の中でもウエットな「人生相談」が必要ということです。たとえば、業績を達成していない部下に対して、業績改善の話をするにしても、指導するだけでなく、必ず「自分の人生、どうしていきたいん？」という深掘りの話を盛り込むことがとても大事になります。

特にZ世代には「アメとムチ」がポイントです。 Z世代は基本的に怒ったらダメなんです。ただし、会社としての要望は、厳しい内容であってもきちんと伝えたほうがいいです。そのうえで、業績改善の指導を本人の将来と紐《ひも》づけて、「こういうことにつながるんじゃない？」と深掘りしてあげるわけです。すると、信頼を獲得できます。

Z世代はSNSなどの影響を受けやすく、走っている道を斜め、左、右とすぐにズレます。それを元の道に戻してあげる作業が、上司が行うべき指導です。そういう話を丁寧にしていると、Z世代は「この人、ほんま自分のためにめっちゃ言ってくれてんねんな」と、信頼感を持つようになります。

とはいえ、一気にぶわーっと言われると、うわーっと耳を閉ざしてしまうのもZ世代の特徴です。その辺の塩梅《あんばい》が難しいところでもあります。

なので、わたしは「期待していなかったら、こんなこと言ってないし」という言い方をよく使っています。なおかつ、厳しい要望を言うときには、できるだけゆっくり話すようにしています。わたしの場合、業務のノウハウなどを教えるときは、ばばっと早口でしゃべるのですが、そういう話し方は心には刺さりません。それに普段と違う話し方をすると、社員のほうもそれなりに心して聞いてくれるわけです。


わたしの会社の社員たちは、会社からの要望をゆっくり丁寧に目を見て伝えて、最後に「そもそもどうでもよかったら、ここまで言わへんから。期待してるよ」といった言葉で締めると、みんな「頑張ります」と言ってくれます。

じつは、会社の方針などについて、わたしと社員の認識が一致しているからこそ、こういうポジティブな反応が返ってくるのです。そこが一致していないと、厳しい要望に対してネガティブな気持ちになりがちです。特にZ世代はそれを「怒られている」と感じます。


Z世代の場合、いったん怒られていると感じたら、「期待している」の効果もかなり薄

まります。むしろ「めっちゃうざいやん」とか「キモい」とか、ネガティブに受け止めるようになります。

なので、会社、あるいは上司の要望を部下に伝える際には、その意図、目的、背景もきちんと丁寧に伝えないとダメなわけです。特にZ世代は、要望だけを厳しい言葉で伝えるような「怒られている」と感じるコミュニケーションが繰り返されると、「会社を辞める」という選択にどんどん近づいていきます。

わたしも社員たちとの1on1では、会社の方針などについて意図、目的、背景を繰り返し伝えるようにしています。それでも、何か嫌そうな顔をして面談を終える社員もいます。そんなときはＬＩＮＥやメールで、「ほんまにこう思ってるし、マジで頑張ってほしい」とフォローするようにしています。

Ｚ世代には「1回無理となったら、ずっと無理になる」という特徴もあるので、特に丁寧なコミュニケーションが必要です。たとえば、初対面で意図、目的、背景の説明不足のまま厳しいことを言った場合、Ｚ世代は「いきなりめっちゃ怒られた」と感じ、「何なん、こいつ、きしょい」と、いわば心を閉ざしてしまうわけです。

裏返して言うと、**いちいち意図、目的、背景を伝えながら丁寧にコミュニケーションす**

ると、初対面でもすごく慕ってくれます。これもZ世代の特徴です。

先にも紹介しましたが、BreakingDownの溝口勇児さんは、わたしにとってそういう方です。初対面のとき、わたしのビジネスについて「レベルが低い。ぱぱっと20億、30億いかないと意味がない」などとすごく怒られました。

「何や、この人」となっていたのですが、別れてからすぐに長文で、「めちゃめちゃ泉澤くんのこういうところを応援してるし……」といったDMをもらいました。要は、すごく怒られた直後にすごくほめられたわけです。それでハートが一気に持っていかれて、いきなり「溝口さん、本当ありがとうございます！」になりました。

根気よく、反復練習のつもりでフォローする

先ほど述べたように、Z世代は見聞きする情報の量が多くて、あっちに行ったり、こっちに行ったりとブレがちです。自分自身で「この道を行きたい」と思っていても、会社で働いているうちに何かとズレるわけです。なので、上司の1on1での指導は、いま歩いている道を振り返りながら「そもそも自分が歩きたい道と合っているの？」と、一緒に確認

する作業になります。

当たり前ですが、何の指導もなく自分一人でトントン拍子で仕事を進められる部下はまずいません。**特にZ世代は、言っていることと行動が乖離《かいり》しているケースが多いので、より丁寧な指導が必要なのです。**

ただ、厳しく指導されると、大きくへこむのもZ世代の特徴です。なので、先にも述べたように、DMなどで「注意したのは、期待しているからやし、ほんま、頑張ってほしい」などとフォローする必要があるし、こういうフォローがよく効くのもZ世代の特徴です。

また、指導する際には、たとえ同じ内容であっても意図、背景、目的を繰り返し丁寧に伝えることが大切です。**特にZ世代は「反復練習」しないと血肉になりません。**何度も指導しているうちに、少しずつ習慣化されていくので、上司は根気強くコミュニケーションし続ける必要があります。わたしも1on1では「何回も言ってるねんけど……」という話をよくしています。

反復練習が効かない場合は、日報を出してもらうなど、何らかのペナルティ的な仕組みを取り入れる必要もありますが、ほとんどの場合、上司の伝え方が悪い、あるいはコミュニケーションの頻度が足りないと考えたほうがいいです。

レベルが低くて恐縮ですが、わたしの会社の「遅刻常習犯」の例を紹介しておきます。創業期に入ったZ世代社員の中に一人いて、いまではまったく遅刻しなくなりましたが、当初はひどいもので、何度も何度も指導しました。

後輩社員やインターン生が入ってくるようになっても遅刻していたので、「遅刻する社会人が当たり前と思われたら困んねん。どういうつもりなん？　恥ずかしくない？」と言ったら、そのときは顔を真っ青にして「すいませんでした」と謝るのですが、また遅刻するわけです。なので、1年くらい毎週のように繰り返し指導していました。

「自分が上司で、遅刻した部下が、おはようございますって普通に来たら嫌ちゃう？」とか「部下が遅刻する上司についていきたいか？」とか「自分が損やから、自分のために絶対に遅刻しないほうがいい」とか「じゃあ、平日は飲み禁止」とか、1on1で繰り返し丁寧に話しているうちに、だんだん遅刻しなくなっていきました。

わたしとしては創業期に採用した仲間だし、まともな社会人になってほしいという思いが強かったので、根気強く指導できたんです。

3-7 目安箱ツールの活用で、愚痴や不満を発言しやすくする

1on1は愚痴や不満も含む部下のさまざまな要望を聞く場ですが、**「1on1ではなかなか本音が言えない」というZ世代も少なくありません。**

そういう人たちの声をキャッチアップするためには、「目安箱」が有効です。実際に社内のどこかに投書箱を置く、あるいはイントラネット（社内ネットワーク）上に投稿欄を設ける。どちらでもかまいませんが、社員が匿名で自由に要望を出せて、愚痴や不満を言え、それを会社側がきちんとフォローできる仕組みがあると、Z世代のモチベーションは維持されやすくなります。

わたしも会社員時代、イントラネットの目安箱ツールに助けられたことがあります。「匿名でどんなことでもどうぞ」という投稿欄だったので、「上司と馬が合わない、会社を辞めたい」と投稿しました。そうしたら人事からすぐに反応がありました。「上司に伝えてほしい場合は、上からアプローチしますけど、どうしますか」と。それで「いや、言わなくていいです。辞めるのはもう決めているんで」と断りました。ただ、その直後にわたし

が異動になって、その上司とは一切関わらなくなりました。それにしても、匿名と言いながら、誰の投稿かが会社側には丸わかりですから、少し怖いなとも感じました。

その会社のイントラネットには「今月、調子はどうでしたか」というアンケートフォームもありました。5段階評価で、よい、悪いを入力するのですが、備考欄もあって、そこに「上司とうまくいっていない」と書いたら、人事が飛んできたこともあります。そのときは「いや、大丈夫です」と答えたのですが。

わたしの場合、なかなか周りに相談することができなくて、目安箱ツールやアンケートの備考欄が一種のはけ口になっていました。それがなかったらもっと早く会社を辞めていたでしょう。

Z世代も会社に不満がなければ辞めません。給与が上がらない、昇格しない、スキルが上がらないといったことが不満だから、もっといい会社に移りたいと思う。結局、入った会社がいい会社であれば、基本的にずっと勤め続けるわけです。

たとえば、どんどん給与が上がるような上り調子の会社は、やはり離職率が低いです。そういう会社なら、目安箱ツールなんか通さずに、直接、部下から上司に「こういう仕事をやりたい」とか、「もっとこうしたらいいんじゃないか」といったポジティブな声がどんどん上がってくるかもしれません。

裏返して言うと、目安箱ツールでZ世代の不満や愚痴をキャッチアップして、きちんと対応できれば、Z世代が辞めない、いい会社に近づくことができるということです。

ちなみに、わたしの会社には目安箱ツールはありません。ただし、LINEで「雑談ルーム」を作っています。たまに業務連絡を投稿することもありますが、基本的には仕事とまったく関係ない投稿ばかりで、たとえば、社員は同僚たちと飲みに行って、ふざけている写真をアップしたりしています。わたしは最近、断捨離にはまっているので、「この服いる人」とか「この靴いる人」とか、そんな投稿もしています。

丁寧な1on1などで、いつでも本音を話せる状態を作っていることに加えて、この雑談ルームも、愚痴や不満も含め、「何でも話したいことを話していいんや」という、わたしの会社のカルチャーを象徴しています。なので、いまのところ目安箱ツールは特に必要ないと思っています。

投稿をマネジメントを改善に役立てることで、部下が辞めなくなる

わたしが全社員と毎月1on1できない人数になったら、目安箱ツールを用意しようとも考えています。そうなったら、実際にオフィスの目立つ場所に箱を置いて、紙で投書してもらいます。「直接、会社に言いづらいことがあれば、何でもいいので、匿名で入れてください。毎月1回、社長が全部しっかり読みます」と。

もし「会社を辞めたい」という紙が入っていたら、まずチームマネジャーレベルの会議で「こういうのが入っていた」という情報を共有して、議題に取り上げて、「どういうマネジメントしてるんだっけ?」という話をします。

上司の最上位のミッションは、チームの業績を上げることです。つまり、部下が一人辞めたらその分、マイナスになります。でも、匿名の投書ですから、そういう場で辞めたい人を特定することはしません。もちろん、上司が部下たちに対して「辞めたいの?」といちいち聞いて回るのもNGです。

ただし、部下に辞めたいと言われるような上司には、必ず問題があります。なので、ま

ず上司たちの部下とのコミュニケーションなどに関する捉え方や動き方を確認して、あらためて全体として共有するわけです。

そのうえで、わたしの場合は上司たちと1on1を行います。何か問題がある上司は、基本的に余裕がなくて、部下に対してがんがん言いがちです。それで部下が辞めたいと思う。つまり、上司の問題について丁寧に話していけば、マネジメントのやり方を変えさせることにつながって、それが結果的に、部下が会社に勤め続けることにつながるわけです。先にも少し触れましたが、結局は、業績がいい会社の社員は辞めないんです。それと同じで、業績のいいチームにいるメンバーは辞めたいとは思いにくいわけです。なので、一番業績の悪いチームの上司とより丁寧に話すようにします。

また、Z世代が会社を辞める理由については、初めに紹介したリアリティ・ショックに関するデータなどがあるので、それに会社の状態が当てはまっていないかどうか、たとえば、昇給や昇格が遅いとか業務の権限が小さいとか、チェックすることもできます。

こうしたマネジメントの確認や改善には、個人の特定は必要ありません。ただ、その過程で「このチームの誰かやな」というのがわかってくるはずです。そのときには上司を代えるとか部下を別のチームに異動するといった対応が必要になります。あるいは、それが予想どおり業績の悪いチームの部下であれば、「業績を改善する」という名目で、臨時にメンバー全員にメンターをつけるとか、わたしが特別にみんなと1on1を行うといった対応もできます。

ちなみに、目安箱ツールを紙にする理由は、パソコンなどの画面だと読むのが疲れるからです。たとえば、タスク管理のページを作っている社員も少なくありませんが、わたしの場合、紙に1日のタスクを書いて貼り出すようにしています。

わたしの席にはひと目でタスクがわかるように手書きの紙がぶわーっと貼ってあります。席の横のホワイトボードにも書きまくっています。ぱっと見たら全部のタスクが視野に入ってくる状態が一番疲れません。

いまオフィスの壁一面をホワイトボードにしようとも考えています。タスクを全部そこに書いて、終わったらどんどん消していく。そうしたらもっと疲れなくなるだろうなと思っています。

3-8 Z世代の人気職「SNSマーケティング担当」などを兼任させる

「業績がいい会社の社員は辞めない」と言いましたが、Z世代の場合、特に「この会社ならスキルやよい経験が得られる」と実感できていると、わざわざ辞めようとは思いません。

でも、スキルと経験の豊富さを重視するZ世代には、「一つの業務を極める」という発想になりにくい側面があります。すぐに「もうできるようになった、これで十分」と見切って、さらにその業務の経験を積んでスキルを向上させたいとは思わないのです。それで、「このままだったら成長できない。違う業務をするためには別の会社に移るしかない」となりがちです。

とりわけ、Z世代は泥臭いこと、たとえば、意味の感じられない飛び込み営業とかテレアポとかは、もう大嫌いです。

でも会社、あるいは上司にしたら、当座はいまの業務を頑張ってもらわないと困ります。

では、どうするか。わりとシンプルな話で、「兼任」が両者にとっての現実的な解決法です。

先ほど新入社員の「兼任」についてご紹介しましたが、わたしの会社の場合、いまの業務プラスアルファで何かしらの担当を兼任しているZ世代社員も少なくありません。たとえば、カウンセリング業務の社員の中には、兼任で、Ｉｎｓｔａｇｒａｍの自社コンテンツを担当している人や、月1回の社内レクリエーションと四半期に1回の全社飲み会を担当している人などがいます。

基本的に本人が「これをやりたい」と言えば、兼任のかたちで担当してもらっていますが、やりたい仕事の中で圧倒的に多いのは「ＳＮＳマーケティング」です。

Z世代はずっとSNSをいじっています。なので、SNSで商品やサービスをPRする仕事をすごく身近に感じているし、上の世代よりも得意だと思っているし、キラキラしているイメージがあるわけです。

ＳＮＳでの自社ＰＲなんて経費0円でできますから、やりたい社員には兼任でやってもらっています。もちろん、「いまの業務をちゃんとやりながらじゃないとダメだよ」と釘を刺して。かつ期間を3カ月と区切って、自社ＰＲの成果の目標も定めています。

Ｉｎｓｔａｇｒａｍ、ＴｉｋＴｏｋ、ＹｏｕＴｕｂｅ、Ｘとありますが、使うＳＮＳは担当者にお任せです。Z世代の1番人気はＩｎｓｔａｇｒａｍですが、内容も更新も任せています。なかには、なかなか更新しない人もいますが、「自分がやりたいって言ったやろ?」と言うと、ぐうの音も出ません。

「すいません、やってみたら、向いていませんでした」と、自らSNSマーケティングを諦める社員もいます。こちらとしては「じゃあ、本来の業務を頑張って」という話で済みます。もちろん、3カ月で一定の成果を出せなかった人も兼任を解くようにしています。

たとえ仕事内容がわかっていなくても、やりたいことに挑戦可能とする

SNSマーケティングに関して言うと、自らやりたいと手を挙げるZ世代であっても、仕事内容の解像度がすごく低い場合が多いです。

SNSでの自社PRの場合、何のためのアカウントにするのかなど、いわゆるコンセプトを決めるところから始まります。そこから派生して投稿内容やデザインなどを決めていきます。そのうえで、Canvaなど編集ツールを使ってコンテンツを作成して投稿していきます。

投稿後にはデータ分析をします。その投稿が誰に刺さっているのかなどのデータを取って、投稿内容などの適正化を図ります。それを繰り返してフォロワーや再生回数を増やしていきます。

実際は、SNSマーケティングもキラキラしていない、むしろ泥臭い仕事なんです。Z世代はそこをわかっていません。実際にやってみて、初めて「おもんな」と気づくわけです。

わたしの会社では、SNSマーケティングを兼任した人たちの過半数はそうなります。それで「やっぱセールス、頑張ります」などとなって、以前よりも本来の業務を頑張ってくれるようになります。こうした社内での動き方は、本人にとっても会社にとってもすごくいいことです。

もちろん、兼任してみて「おもしろい」と感じている人、成果を出している人にはそのまま続けてもらっています。

SNSマーケティング以外だと、Z世代は営業企画や経営企画、新規事業開発など企画系の仕事をやりたがります。これも同じで、キラキラしているイメージに憧れているだけで、仕事内容をわかっているわけではありません。

企画系の仕事は、ごく単純に言うと、市場・顧客、自社、競合を分析して、そこでどう勝っていくか、戦略を立案していくというものです。「3C分析」とか「ペルソナ」とか「カスタマージャーニー」とか、専門的な用語の理解も必要です。経験も一定量必要です。たとえば、営業企画ならセールスなど現場の業務をやっておかないとできません。経営企画なら経営サイドの業務経験です。その辺の解像度がすごく低いから、安易に「営業企画をやりたい」などと言えるのです。

でも、わたしの会社では「わかってないやつが何を言ってんねん」などとは言わずに、「そんなん言うんやったら、ちょっとやってみたら？」「ほんなら、ちょっと入ってみる？」と、企画系の仕事の一部を兼任でやってもらっています。たとえば、新規事業開発なら「こういうビジネスがあったらいいよね」とか「こういうビジネスはおもしろいかも」といったアイデア出しをしてもらうといったかたちです。

企画系の仕事に関しては兼任の期間を区切っていません。年中オープンで、会社としては「本当にやりたいんだったら自分で動いてよ」というスタンスです。たとえば、営業企画なら「じゃあ、セールスしやすくするための企画書を持ってきて」と振るだけです。

強い意欲や能力がある社員にとっては、いいチャンスなのですが、解像度が低い社員は、結局、アイデアや企画書を出してきません。会社としては、基本的に本来の業務を頑張ってくれればいいので、それはそれでかまわないわけです。

こういう兼任に関しては仕事のやり方を丁寧に教えることもしません。ただし、課長、部長クラスが企画系の仕事を希望した場合には、会議に参加させて仕事を教えるということをしています。やはり現場で一定の実績を残している社員を企画系に入れていくというのが基本になります。

たとえば、営業成績の悪い社員をいきなり営業企画に入れたら、必ず会社の中にハレーションが起こるでしょう。なので、成果を出した社員が課長、部長に上がるし、課長、部長から企画系を学べるチャンスがあるというふうにしています。

こういういわば会社のルールを覆すとしたら、完璧な企画書を作るしかありません。それができれば、会社も即戦力として企画系に異動できるし、社員みんなも納得するはずです。

第4章

【ポイント3：やりがい】

「誰かのために仕事をしたいZ世代」を惹きつける目標づくり

4-1 「お金のためよりも、本当は誰かのために仕事をしたい」と思っているのがZ世代

「お金はやりがいじゃない」がZ世代の「本音」です。

もちろん、新入社員のうちはまだ給与が低いこともあり、「もっとお金がほしい」とは思っています。でも、それだけではないのです。

わたしの会社の社員もそうです。副業契約や代理店契約のメンバーは歩合給、正社員は固定給という仕組みになっていて、歩合で年収800万円の契約メンバーに、「年収600万円に下がるけど、正社員に切り替える?」と持ちかけると、必ずオーケーしてくれます。それで正社員として、これまで以上に頑張ってくれます。

Z世代にとってのやりがいがお金じゃないとしたら、何にやりがいを感じるのでしょうか。じつは「自分の仕事が誰かのためになっている」ということなんです。会社で言うと、「ミッション」や「ビジョン」にあたる事柄です。

要は、社会的に意義のある事業をやっている、社会貢献をしている会社の社員として、それに携わっている自分は意義のある仕事をしているんだと、いわば自己肯定できれば、

やりがいを感じるわけです。

わたしも、会社経営を頑張って続けているのは「お金のため」ではなくて「誰かのため」なんです。新卒で就職する学生たちのリアリティ・ショックを減らしたいし、若手社員の短期離職も減らしたい。それを実現するためのビジネスは、学生、若手社員、雇用する企業のため、ひいては世の中のためだと本気で思っています。

当然ながら、そういういわば理念は事業内容に反映されています。たとえば、わたしの会社の「キャリアアドバイザー」には、特に就職活動に必要な「自己分析」のやり方に重点を置いた研修を行っています。自分を理解することがリアリティ・ショックを減らす一番の近道だと思うからです。

新卒採用にしろ中途採用にしろ、せっかくわたしの会社に相談に来てくれた人たちには、もっと年収を上げてほしいし、もっといいキャリアを積んでほしいし、より幸福度が高まる選択をしてほしい。そのためには、やはり「自己分析」が大事です。

わたしの場合、「うちの社員のために」というのも大事なやりがいの軸になっています。

こういうZ世代の傾向にも、やはりSNSの影響があります。さまざまな社会的な課題に関する情報が大量に流れてくるから、「自分もそう思っていた」と気づきやすく、「その

解決に貢献したい」と思いやすくなっているのです。

さらに、社会的に若者の立場が強くなってきた影響もあります。たとえば、コンプライアンスだと、「パワハラ」が大問題にされるようになりました。これは、上司、あるいは会社の立場が弱くなってきたとも言えます。

Z世代は、そういう変化をわかっています。たとえば、上司はパワハラにならないように、丁寧に部下に接するようになってきました。それで、部下のほうは「社会的に守られるのは当然」と感じるようになっています。つまり、Z世代は自分たちのほうに大義名分があると理解しています。

それをいいことに、Z世代が「わがまま」な言動を取るようになっている面もあります。たとえば、上司から何か注意されたときに、「ああー、そんなこと言うんだ。いいよ、口コミ書いたるから」と、いわば開き直って、あまり反省しないわけです。

社会的に意義ある仕事をしている自分を認めてほしい

Z世代には、大義名分を重視する傾向がある一方で、「これでいいんだ」という自分の納

得感がブレやすいという特徴があります。これもSNSの影響です。いったん「これが大義名分なんだ、自分のやりがいなんだ」と思っても、いろんなところから別の情報がたくさん流れてきて、「本当にこれでよかったんだっけ？」と、すぐに不安になって悩むわけです。

なので、Z世代社員に対しては、上司が会社のミッションやビジョン、何のためにこの仕事をやっているのかをきちんと言語化して、繰り返し伝える必要があります。

わたしの会社では、月1回の全社員が集まる「全社会」で、わたしが会社の価値観について「オレたち、何のために仕事してるんだっけ？」と、繰り返し話すようにしています。

また、何度も述べているように、Z世代は承認欲求が強いので、「大義名分のために働いている自分を認めてほしい」という思いが常にあります。Z世代とのコミュニケーションでは、そういう承認欲求を満たしてあげることも大事になります。

わたしの場合、普段からしつこいぐらいに、社員に「ありがとう」とか「期待してるよ」と言ったり、うんうんと頻繁にうなずきながら社員の話を聞いたりしています。

何か失敗をした社員を指導する際には、先にも述べましたが、必ず1on1で行います。それで「何でなん？」「何でそういうことをしたの？」「何でやと思う？」などと、丁寧に事情や理由を深掘りしていきます。社員が話している間は、うんうんとしつこいぐらいにうなずいて、しっかり相手の目を見て聞くようにしています。

ちなみに、わたしが以前に働いていた会社で「退職したい」と言い出したときに引き留めてくれた上司も、すごく傾聴が上手な方でした。わたしの話をずっとうんうんとうなずきながら聞いてくれました。

そして、「まだ1年しか経ってないし、もうちょっと頑張れや」と、やさしく励ましてくれて、「それやったら、これはどうや？」と、業績がよかった先輩社員に、私的なかたちでメンター役を頼んでくれました。そこからわたしの業績は飛躍的に上がったんです。この上司とメンター役の先輩には、会社を辞めるまで、いろいろと相談していました。

そういった経験は、Z世代社員とのコミュニケーションにすごく生きています。

4-2 Z世代の「何で?」に丁寧に答えてあげる必要がある

Z世代には「いちいち把握したい」という特徴があります。たとえば、会社に「透明性」を強く求める傾向があります。わたしも「こうしたほうがいいからこれやろうぜ」と、経営者として決定事項を伝えたときに、同世代の役員から「何でなんですか? これじゃないといけない背景とか、何だったんですか?」「何で、このタイミングにしたんですか?」などとよく聞かれます。

そういう質問に対して「別に深い意味はないけど、とりあえずやってみよう」などと返しても、Z世代は納得しません。やはり丁寧に意図、目的、背景を説明する必要があります。これは経営層に限らず、現場の上司と部下のやり取りでも同じです。

部下が「知りたい」と言ったことに関して、上司が丁寧に説明しないということが続くと、上司や会社に不満を抱くようになり、会社を辞める一因になってしまいます。

これも結局は情報共有の不足、認識の擦り合わせの不足です。塵《ちり》も積もれば山となるで、小さな「何で?」に答えてもらえず、小さな不満が積み重なっていくと、だんだん大きな不満になって、最終的に爆発します。

Z世代には「見切りが早い」という特徴もあります。これにもSNSの影響がありますが、労働人口が減っていて基本的に売り手市場という企業の求人・採用状況も影響しています。つまり、Z世代は引く手あまたです。Z世代は「いまの会社を辞めてもすぐに別の会社に入れる」と思っているから、早々と見切りをつけやすいということです。要するに、Z世代は不満の「ちりつも」のスピードが速いし、それほど大きくならなくても爆発するわけです。

なので、上司はZ世代の部下の「何で?」に対して、いちいち意図、目的、背景をきちんと説明することがすごく大事になります。もはや昭和の上司流の「つべこべ言わずに、黙ってやれ!」は、本当にNGです。

Z世代には、相手に「丁寧なコミュニケーション」を求める一方で、自分は「丁寧にコミュニケーションしない」、自己中心かつマイペースという特徴もあります。

たとえば、仕事での日程調整のメールです。自分の「この日でいかがですか?」という提案に対して、相手が「大丈夫です、よろしくお願いします」と答えてきたら、礼儀としては「こちらのほうこそ、よろしくお願いします」という自分の返信で終わる、いわば1

往復半が普通です。でも、Z世代はそういう返信をしないで、「自分→相手」「相手→自分」の1往復で終わりがちです。

こういうビジネスマナー的なことは、上司がそれこそ丁寧に教える必要があります。メールの1往復半ができないZ世代は、それがいいも悪いもわかっていません。メール自体をあまり使わなくなっているので、そのルールやマナーを覚える機会も少なくなっています。

メールの定型文にしても馴染みがなく、「あー、面倒くさ！　要件だけでいいやん、何でチャットにせえへんの？」と不満に思うわけです。

そういうZ世代にビジネスマナーを教えるのですから、上司は「上の世代の方は、こういう文化でずっとやってきた」といった話も含め、丁寧に説明してあげる必要があります。

経営の意思決定の内容やその背景なども情報共有する

そんなふうにZ世代が「何で？」と聞きたがるのは、「情報共有が足りていない」ということの表れでもあります。上の世代の上司もそれはわかっていると思います。でも、あまり説明したがらず、「とにかくやれ」と言いがちなのは、自分が「言われたとおりにやってきて、何とかなってきた」という成功体験があるからでしょうか。

それに対してZ世代は、もうそういう成功体験は通用しないと、基本的に思っています。「言われるままにやってダメだったら、時間の無駄になる」と。第1章で「タイパを気にする」と説明したように、こういう時間の無駄をZ世代は嫌います。

たとえば、わたしが相談にのっているZ世代の転職希望者も、いまベンチャーに勤めているのですが、会社の雲行きが怪しくなっていて、「このままあと1年頑張っても無駄やし、早く別の会社に移りたい。ちょっと頑張ったら上に行ける100人、200人規模の会社がいい」と言っています。

「上場企業はダメなの？」と聞くと、「大きい会社だと5年くらい平社員ですよね。もっと早くいろんな仕事をしてスキルを上げたいから、いい感じに小さい会社がいいんです」と答えます。

わたしの会社のZ世代社員も、昇給や昇格にしろスキルアップにしろ、「もっと早く」と思っています。その要望に応えないと、この会社にいても時間の無駄と思われてしまいます。なので、結果を出した人は昇給するし、評価も上がる制度になっています。さらに、「何年働いたらこういうスキルセットの状態になって、こういう仕事に挑戦できて、こういうことを学べる」といったキャリアパスづくりにも力を入れています。

また、わたしの会社では、月に1回行っている全社員が集まる「全社会」で、「何があった」とか「誰が何をどのようにやっているか」とか、経営の意思決定の内容も含め、社内の動きに関する1カ月の情報をフルオープンにして、全社員に共有するようにしています。

「あいつ、何やってるん？」といった情報不足は、社員たちの中に不信感をまねきます。当然、そういう不信感がないほうが仲間意識は強くなります。

共有した情報に関して、ツッコミが入る場合もあります。たとえば、セールスの部隊からマーケティングの部隊に「おまえらの仮説が間違ってたやないか、何やってんねん」と。そのような仮説になった背景を経営層なり上司なりがきちんと答えてあげると、「あー、そういうことやったんか」と、むしろ信頼感は高まります。

とにかく、まず「ああ、みんなこんなことをやってんねや」と全社員が把握することが大事です。かつ「ちゃんとやってる」ことを認識してもらうようにするわけです。

情報不足のまま勝手に不満がたまっていくのが、会社としては一番よくない状態です。第3章で述べたように、基本的に人がもめる原因は「前提条件の違い」と「認識のズレ」

です。つまり、人は「初めに言っていたことと違うじゃないか！」と「わたしはこう思っていたのに！」でもめる。そうならないように、わたしの会社では月1回、全社員でその2つの「擦り合わせ」を行っているのです。

この擦り合わせをより丁寧に行うために、「全社会」のときには、全社員がいつでも報告内容を見返せるように必ずテキストを配布しています。つまり、言いっ放しではなく、資料が残っている状態にしているわけです。そうすることで、後で認識がブレる社員が出てきたときに、「こういう話をしたよね」と確認しやすくなります。

わたしの会社では、事業部ごとに資料をまとめています。今月の目標に対して、こういう動き方をした、できたこと、できなかったこと、来月からどうするのといった事柄が記されています。これは、各社員がちゃんと働いていることをアピールするものにもなっています。

こういう情報共有の積み重ねがないと、社員の中に不満がたまってきます。それなりに手間ひまはかかりますが、社員が会社を辞めたいと思う要因をなくしていくほうが、はるかに大事です。

特にZ世代の場合、「情報共有の重要性」といった言葉をSNSなどで頻繁に見聞きし

ています。なので、自分自身は、本当はそこまで考えていなくても、「みんなが言っていることだから」と、会社の情報共有の在り方に過敏に反応する面があります。その意味でも、細かな情報共有がすごく重要です。

繰り返しになりますが、大事なのはZ世代の「何で？」に答えることです。認識がブレがちなZ世代は、何度も同じことを聞いてくるかもしれません。ですが、そういうときこそ、上司は面倒くさがらずに、より丁寧に説明するように心がけてください。

4-3 「社内報」は意外と大事。社員紹介やイベント報告の配信から始める

Z世代は、対人関係において「話しやすさ」を重視します。なので、たとえば、雑談できないような話かけにくい上司から「これをやれ」と言われると、たとえ自分の仕事であっても、反射的に嫌だなと思いがちです。

第3章で、わたしの会社ではLINEで「雑談ルーム」を作っていると紹介しました。これは、普通の会社で言うと「社内報」にあたるわけですが、Z世代社員たちはよく目を通しています。

社内報に載っているのは、社員紹介や社内イベントの報告など、主に仕事と関係ない情報です。そういうゆるい情報は社員同士が会話するときの丁度いい雑談ネタになります。つまり社内報には、上司と部下に限らず、社員同士のコミュニケーションを促す効果があるわけです。

じつはZ世代は、会話のきっかけ、仲よくなるきっかけを求めているんです。そのためのツールの一つが社内報です。その意味では、サークル活動も有効です。

別に大げさなものである必要はありません。わたしは、一度「雑談ルーム」で「富士山に登りに行こう」と全社員に声をかけたことがあります。結局、集まったのは5人だけでしたが、以来、「チーム富士山」と名乗って、「チーム富士山で飲みました」とか「スポッチャ行ってきました」とか、サークル活動の報告を「雑談ルーム」に流しています。それで、毎回「チーム富士山に参加したい方、いつでも大歓迎です」と呼びかけています。

こういうゆるい情報を載せるのが社内報です。社内報は、あくまでも社員同士が仲よくなるきっかけづくりです。わざわざ紙である必要もありません。ＬＩＮＥでもチャットでもメールでも、何でもいいんです。

Z世代は、話しやすい人に対しては積極的に相談します。わたしは、学生の就職相談も受けていますが、わざと「ため口」を使っているし、学生にも「ため口でいいよ」と伝えています。そのほうが打ち解けやすくて、相談しやすくなるからです。

先の章でも述べましたが、学生にしろ社会人にしろ、身近に相談する人がいないZ世代は、ＳＮＳの影響などによって、すぐに変な方向に行ってしまいます。小さな問題が積み重なっていくうちに大問題になります。なので、上司としては何でも相談してもらえる、話しやすい存在でいることがすごく大事になります。

そのために上司は、社内報でもサークル活動でも「ため口」でも、何でも活用して部下と打ち解けて、仲よくなる必要があります。その意味では、上司が知っている経営サイドの情報も可能な限り部下と共有したほうがいいわけです。

たとえば、上司に与えられているミッションを部下と共有しておくと、部下のほうも仕事をしやすくなるし、仲のいい上司であれば、「この人のために頑張ろう」となってくれます。ただし、部下がやる気をなくすようなネガティブな情報は伝えないほうがいいです。

4-4 既存事業の現状維持はZ世代には衰退。新規事業への関心を見せて、「勢い」を出す

Z世代は基本的に「現状維持」を「衰退」と捉えています。つまり、彼ら彼女らにとっては「勢い」が大事なんです。たとえば、既存事業しかやっていない会社を「ダサい」とか「ヤバい」と感じます。実際の会社の業績は全然大丈夫でも、いまの世の中は変化が激しいので、「こんなに変わっていくのに、こんな事業、一生やってて大丈夫なの？」と、ある意味、ひとりよがりに不安になって、会社に対する評価がネガティブになっていきます。

こうしたZ世代の特徴を考えると、会社は常に「新規事業をやろうとしている」ことを社員や学生向けにアピールする必要があります。**わかりやすいのは、新規事業の部署があることです。そういう部署があるだけで、Z世代は「勢いがある会社」とポジティブに評価します。**名前だけなら、会社的にはすぐに置けるので、さっさと看板を掲げたほうが得策です。

現場のマネジャーレベルの話で言うと、たとえ新規事業の部署がなくても、常に新規事

業に関心を持っていて、部下の新規事業のアイデアに好意的である必要があります。**Z世代は、基本的に「新しいこと」をやりたがります。**なので、実際にできるかどうかはともかく、新規事業に関する積極的な会社の姿勢が目に見えてわかる状態が望ましくて、上司の言動もその一翼を担っているわけです。

もちろん、実際に新規事業を立ち上げるためには、そもそも社員たちにスキルがあるのかという話になります。先ほど「新規事業の看板だけでも掲げたほうが得策」と言いましたが、新規事業の看板は、既存事業が安定してるだけでは安心、満足できないZ世代の、いまの仕事に対するやる気を維持するための、いわば方便とも言えます。

また、Z世代は会社のことよりも自分のスキルセットを考えています。なので、新規事業の部署に異動するチャンスがあるほうが、会社に勤め続けるメリットを感じます。加えて、キラキラした仕事に憧れるZ世代にとって、新規事業の看板は見栄え的にもいいんです。

ちなみに、わたしの会社では新規事業について、社員に「立ち上げたいが、今じゃない」と伝えています。「こういう新しい事業を考えているが、始めるのは2年後の予定」と。じつは1年に1個は立ち上げているのですが、途中でつぶしたりもしています。新規事業といっても、じつは既存事業の延長線上だったりもするのですが、そこは見せ方が大事ということでもあります。

4-5 何でも検索するZ世代にとって、コーポレートサイトが出てこない会社はダサいしヤバい

Z世代は基本的に「コーポレートサイト」を持っていない会社を信用しません。つまり、ネット検索したときにホームページなどが出てこない会社は、きちんとした会社と思わないんです。いかにも不透明な感じがして、ブラック企業じゃないかと不安になります。

しかも、いまは売り手市場です。Z世代にしたら、いろんな会社に入れる状況で、わざわざコーポレートサイトがない会社を選ぶ理由がありません。なので、Z世代に就職してほしいなら、会社としてはコーポレートサイトが必須です。

いまはSNSでの発信も必須です。Ｉｎｓｔａｇｒａｍ、Ｘ、ＴｉｋＴｏｋ、ＹｏｕＴｕｂｅなどに会社のアカウントの投稿がないと、やはり「ダサいし、ヤバい会社」「アンテナ張ってない会社」というネガティブな評価になってしまいます。

実際、きちんと運用しているかどうかは別ですが、大多数の会社がこうしたネット上の情報発信を行っています。もちろん、そのデザインや内容によって、「おもろないな、堅そうやな、自分の意見とか通らんやろうな」などと、Z世代に敬遠される会社もたくさん

あります。

わたしは、テレビやネット番組などメディアの取材を積極的に受けるようにしていますが、これもZ世代対策なんです。自分や会社の露出を増やして、ネット検索したときにヒットしやすいようにしているわけです。

また、Z世代はメディアに多く取り上げられるほど、「この人、キラキラしている」などとポジティブに評価します。ただし、いったん叩かれて炎上したらまったく逆の評価になるので、その点はまさに諸刃の剣なのですが。

コーポレートサイトは採用のためだけではありません。コーポレートサイトがない会社で働いているZ世代社員は、周りから「おまえの会社、ホームページないの？」とか「SNSやってないの？」と言われたときに、必ずネガティブな気持ちになるはずです。「あ、うちの会社、ヤバいかも」と。それが会社を辞めるきっかけにもなりかねません。

それほど、Z世代にとっては、ネット上の見え方が信用につながっているんです。わたしも、いろんな会社のコーポレートサイトを見ては「こんなん問い合わせにつながらへんよ」とか「見かけだけやな」とか「このコピーやめとったほうがいいのに」とか、ごく自然に評価しています。

わたしの場合、仕事柄もありますが、Z世代には共通してこういう感性があります。なので、新卒の就職時に限らず、いま勤めている会社にコーポレートサイトがあるかないか、そのデザインや内容はイケてるか、ダサいか、すごく気にします。

要するに、コーポレートサイトがない会社で働いているZ世代社員は、「それぐらい作ったらいいのに、作れるお金もないってこと？ ほんま大丈夫？」などと悪いほうに推測して、会社に対する信用をなくして、どんどん辞めるほうに向かっていく可能性が高いのです。その意味でも、コーポレートサイトがない会社は、いますぐに作ったほうがいいです。

では、どんなコーポレートサイトがいいのか。大事な要素の一つに社長や社員の顔写真があります。それを出しているか出していないかで、会社の透明性に関する印象は大きく変わります。つまり、会社で働いているメンバーの姿はできるだけオープンにしたほうがいいわけです。その意味では、オフィスの写真も必要です。会社の「実態」が伝わらないコーポレートサイトでは意味がありません。

また、「何のためにこの会社はこの事業をやっているのか」というミッションやビジョンを掲げることが必須になります。会社の強みやコンセプトなども示す必要があります。

要は、何の会社かひと目でわかるホームページがいいわけです。

ちなみに、特に地方の製造業の会社はコーポレートサイトを作っていない印象があります。わざわざネットでＰＲする必要はないと思っているのでしょうが、Ｚ世代の採用のためにもＺ世代社員を辞めさせないためにも、そういう会社ほど絶対的にあったほうがいい。じつは、地方の人手不足を改善するのも、わたしの会社のミッションの一つなんです。

地方の製造業は人手不足が深刻です。それなのに、採用や離職防止のネットでのＰＲが後回しになっています。わたしは会社員時代から、たくさん工場回りをして問題だと感じていて、現場でよく「まずホームページを作りましょう」と提案していました。「人手不足による売上減を考えたら、製作費、管理費なんて安いものです」と。

その甲斐《かい》もあって、最近は作る会社が増えてきました。

また、わたしの会社のコーポレートサイトでは、ミッションやビジョンが一番目立つようになっています。

会社のあるべき姿は、それこそ創業の理念、ミッションやビジョンがあって、その実現に向かって、社長も社員も一緒に頑張っているという状態です。つまり、会社のミッションやビジョンが社内にも社外にも浸透していないと、経営判断などが社長の独断と偏見に見えて、社員はやる気をなくすし、社外の印象も悪くなるわけです。

だから、ミッションやビジョンについては、社内でも「全社会」などで繰り返し伝えているし、オフィスにも掲示しています。全社会のときには、抜き打ちで「うちのミッション、ビジョンは何？」と社員に尋ねたりもします。社員には「仕事で悩んだとき、立ち戻る場所はここだよ」といった話をしています。

これはわたし自身の戒めでもあります。会社のミッションやビジョンからブレたら社長失格です。判断に迷ったときには、やはりミッションやビジョンに立ち返るようにしています。

第5章

Chapter 5

【ポイント4：仲間】

「この会社なら仲間と社会に貢献できる！」と思わせるチームづくり

5-1 組織づくりの基本は昭和の時代と変わらない。「飲み会」「スポーツ大会」「社員旅行」

Z世代は「会社の飲み会を嫌がる」と思われがちですが、はっきり言って誤解です。急な誘いは嫌だけれども、行ったら行ったで楽しむのがZ世代の特徴です。会社のスポーツ大会や社員旅行などに関してもそうです。

わたしの会社でも、全社員参加で定期的に運動会などをやっていて、社員が3チームに分かれて戦って、優勝チームにはAmazonギフトカードなどを渡しています。Z世代社員の評判は上々で、「楽しかったっすね、またみんなでやりたいっすね」とか「いい会社っすね」などと言ってくれます。先にも血流の話をしましたが、スポーツには、血流がよくなってポジティブな気分になるという効果があると言われているので、その作用も影響しているのかもしれません。

飲み会にしてもスポーツ大会にしても社員旅行にしても、会社の中に「仲間感」を作ることが目的です。社員たちはその日、その場での雑談はもちろん、後日も雑談しやすくなって、自然と仲間意識が高まっていきます。すると、会社の中で本音をしゃべりやすくなります。そういう状態が会社にとっても本人にとっても、仕事をしていくうえで望ましいわけです。

繰り返し述べているように、Z世代には「マイペースでわがまま」という特徴があります。じつは、普段は「自己中」だからこそ、その反動で、チームで何かをすることに憧れる、仲間を持つことに憧れるという面があります。

また、Z世代は「孤立感」を持ちやすい。常にSNSで誰かとつながっている分、つながっていない状態をすごく寂しく感じます。

たとえば、「こんなカフェ行った」という写真を見て、誰かが「いいね！」を押してくれたら安心できる。それがないと不安になる。なので、「いいね！」をもらえるまで、ずっとスマホをいじってしまいます。基本的にZ世代は、誰かとコミュニケーションを取りたいから、しょっちゅう投稿しているわけです。

つまりZ世代は、誰かとコミュニケーションできれば、SNSでもオフラインでもいいんです。誰かと一緒に飲む、スポーツをする、旅行に行く、あるいは仕事をする。そういう仲間がいる状態に憧れています。

とりわけ新型コロナウイルス感染症の流行の影響で、オンラインのコミュニケーションが続いたZ世代には、オフライン、リアル、対面のコミュニケーションに憧れている側面があります。

飲み会やスポーツ大会、社員旅行などを通じて仲間意識を高めるという手法は、昭和の頃の会社と変わりません。それでもZ世代は楽しんでくれます。結局、若手社員が仲間を求めているという点は、昔もいまも変わらないんです。

ただし、Z世代社員に対しては、スケジュールや内容など、上の世代の若手時代よりもいろいろと配慮しないとなかなか参加してくれません。なにせ「マイペースでわがまま」ですから。その辺はやはり注意が必要です。

ちなみに、マーケティング調査会社の「アスマーク」が2023年1月に発表した自主調査「世代による職場意識の違い」には、X世代（42歳〜56歳）やY世代（28歳〜41歳）よりも、Z世代（22歳〜27歳）のほうが「職場の人とプライベートでも交流したい」「社内イベントには積極的に参加したい」と思っている人の割合が多いというアンケート結果が示されています。

ただし、**Z世代は基本的に「目的がないこと」を嫌いますから**、飲み会にしろスポーツ大会にしろ社員旅行にしろ、意図、目的、背景をきちんと説明するようにしてください。それがないと、「えっ、何のため？　ただ飲むだけなら意味ないやん」となって「行きたくない」となります。

第1章でも紹介したとおり、上司が部下を飲みに誘う場合も、たとえば「じゃあ、来月のスポーツ大会の作戦、ちょっと飲みながら一緒に考えようか。今月の金曜、どこか空いてる？」といった誘い方がいいわけです。「飲み会」×「目的」は必須です。

会社のスポーツ大会や社員旅行も、意図、目的、背景をきちんと説明すると、Z世代は参加してくれます。わたしの会社の場合、出席率は99%です。

趣味のサークル活動も「仲間感」を作るのには効果的

Z世代には「仕事とプライベートを分ける」というイメージもあるでしょうが、じつは、それほど分かれていません。社内の趣味のサークル活動も「仲間感」を作るのには効果的です。わたしの会社には、前章で紹介した「チーム富士山」のほか、神社仏閣好きが集まったサークルや競馬部などがあります。

要するに、仕事でよりよいアウトプットを出すためには、プライベートの領域を含めた社員同士の仲のよさが大事になります。それは当然、会社の成長にもつながります。

わたしの会社では、毎年夏に彼氏・彼女同伴で花火大会を見に行くという社内イベントもやっています。もちろん、強制ではありませんが、社員たちは「社長、紹介しとくわ」と連れてきます。

みんなで花火を見ながら缶ビールを飲むだけですが、確実に仲間意識が高まります。社員にしたらどんどん会社に沼っていく感じでしょうか。そのおかげで、彼女さんが会社を辞めるのを止めてくれたケースもありました。

Z世代も結婚したら家族との時間を作らないといけなくなります。ますます「プライベート重視」になるでしょうが、じつは、そのほうが会社を辞めなくなるはずなんです。

会社に不満があって辞めたいと悩んでいるときに、たとえば、奥さんが悩みを聞いてくれるだけで、本人の気持ちはだいぶ楽になるでしょう。社員たちが家族ぐるみのつき合いをしていれば、夫たちの悩みを奥さん同士で相談したりもできるはずです。それは回り回って、きっと会社の上司の耳にも入ります。そうすれば、先回りして何か対処できます。

結局、一人で悩むからつらいし、暴発してしまうんです。社員同士が家族ぐるみで仲がよければ、みんなが一人を見ているような状態になって、そういうリスクが格段に減るわけです。

昔は、社員同士が家族ぐるみで仲がよく、プライベートの困りごとも助け合っていたという話も耳にします。いまはだいぶ減ってしまった印象ですが、こういう効果を考えると、大事な意味があるし、Z世代にも十分通用する手法です。

5-2 レクリエーションの幹事こそZ世代に任せて、口出しせずに、全員参加でやる

わたしの会社では、四半期に1回の全社飲み会、年に1回のスポーツ大会、年に1回の社員旅行を「大レクリエーション（大レク）」と位置付けでいます。

それに加えて、月1回、何かしらのレクリエーションを行うようにしています。こちらは「小レクリエーション（小レク）」です。テーマパークのユニバ（ユニバーサル・スタジオ・ジャパン）に遊びに行く、商売繁盛の今宮戎神社《いまみやえびす》にお参りに行く、ボーリング大会、カラオケ大会、お花見、バーベキュー、紅葉狩り、鍋パーティーといったことをやっています。

大レクも小レクも、基本的には全員参加です。他にも個別で飲み会やランチ会を開いています。社員同士の仲間感を維持するには、それくらいの接触回数、つまり雑談の機会が必要です。

こうした社内レクリエーションの幹事はZ世代に任せるといいです。進め方としては、Z世代社員を集めて、今度のレクリエーションは何をやりたいか、どんどんアイデアを出してもらって、その中からいいものをみんなで選ぶ。それで、提案した本人に「いいね。

じゃあ、幹事やって。全部任せるから」と頼むわけです。

まずはアイデアをどんどん出してもらうことが大事になります。そのためには、ある程度の仲間感が必要です。なので、上司と部下、あるいはZ世代社員同士は、個別の飲み会やランチ会である程度、仲よくなっておく必要があります。

初めて集まるような状態では、やはり話にくいし、仲よくない上司がいきなり「今度飲み会やるから幹事やって」と言っても、部下は「自分がめんどくさいだけやろ？」などと反感を覚えるだけです。

その点、**まずある程度仲よくなって、みんなで集まって何をやるか決めて、アイデアを出した人に幹事を任せるという進め方なら、Z世代は幹事を引き受けてくれます。**たとえ「嫌だな」と思っても、仲のいい人たちが相手だと、やはり断れないものです。

社内レクリエーションに限らず、Z世代はアイデアを出すのは得意ですが、実際に自分の手を動かすのは苦手かもしれません。SNSで見かけたアイデアも含め、あれやりたい、これやりたい、ああいうのがある、こういうのがあるといった提案は出てきても、いざそれを実行するとなったときに、「何からやっていいのかわからない」となりがちです。

SNSなどで見ているのはあくまでも表面的な情報であって、それをどうやって実現したのかという中身は見られないので知らないし、やってみた経験もないからです。つまり、やりたいけど、やり方はわからない。なので、Ｚ世代の提案は「誰かがセッティングしてくれたらいいいな」というレベルにとどまります。経験がないから仕方がない部分もありますが、きちんと順序立てて計画して、１個ずつクリアしていくという実行力がそもそも弱いとも言えます。

それでも、**Ｚ世代の幹事に「全部任せる」というのがすごく大事です。Ｚ世代は「任される」とやる気になります。**ある意味、承認欲求が満たされるからです。なので、上司が先回りしてあれこれ「口出し」するのはＮＧです。「任せたって言ったくせに、全然信用してないのかよ」と、せっかくのやる気をそぐことになります。

ただし、基本的にやり方を知らないので、すぐに「これちょっと、助けてください」などと言ってくると思っておいたほうがいいです。そのときに、丁寧に助けてあげるというのが上司の態度としては望ましい。**要は「全部任せるよ、困ったらいつでも相談してね」という任せ方が最も効果的と言えます。**

早めに日程を決め、「全員参加」をルールにしたほうがいい

先に述べたようにZ世代は「急な誘い」を嫌がるので、社内レクリエーションは「早めのスケジューリング」が必須になります。かつ「全員参加」をルールにしたほうがいいです。つまり、参加する人数が全社員の過半数であれば、「自分も行かなあかんかな」となって参加してくれるわけです。

Z世代は強制を嫌がります。一方で、「みんなでやる」はけっこう好きなんです。

どんな集まりでも過半数は重要です。たとえば、やる気のない人が過半数になると、やる気のある人もその雰囲気に染まって、「やらなくていいや」となっていきます。逆に、やる気のある人が過半数であれば、やる気のない人もその雰囲気に染まって、「やらなあかん」となっていきます。

なので、全員参加を達成するためには、まず過半数が参加するようにすることが重要なポイントになります。

全員参加のルールがあれば、過半数はいくはずです。それでも過半数に届かない場合は、そもそも参加してもらうだけの仲間感ができていないと考えたほうがいいです。

結局、個別の飲み会やランチ会がすごく大事なんです。そこである程度仲よくなっていれば、必ず「しゃあないな、嫌だけど参加しますわ」となるはずです。

先ほど「上司の口出しはNG。上司は相談してきたらアドバイスするだけでいい」と述べました。かつ「だったら、このレクリエーションにしよう」と、部下のアイデア自体を変えるのもNGです。実行力が磨かれるせっかくの機会を奪いかねないからです。

また、**Z世代は上司の「ああしろ、こうしろ」という口出しを「自分が否定された」と感じて、やる気をなくします。**とりわけ、上司にそのつもりはなくても、怒ったような、叱るような口調だと「こんなに頑張ってんのに、なんだよ」と落ち込んだり、逆ギレしたりします。

Z世代は、上の世代に比べて怒られた経験が少ないんです。つまり、きつい物言いに慣れていないから、ショックを受けやすい。かつ「すぐに頑張った気になる」という面があります。要は、自分に甘いわけです。

Z世代が自分に甘いのは、現実の解像度が低いせいでもあります。なので、わたしの場合、1on1できちんと現実を教えてあげるようにしています。ただし、コミュニケーションとしては決して怒ったり叱ったりせず、丁寧に話を聞きながら、きちんと現実を伝えていくというやり方が大事になります。

逆に、何かができたときにほめてあげることもすごく大事です。上司にほめられることで、部下本人の中で、確実に成功体験として記憶されるようになるからです。ほめるときには、それがなぜできたのかという振り返りに加えて、「これができたから、次はこういうことができる」とか「こういう未来が見えてくる」といった話をしてあげると、Z世代はよりやる気になってくれます。

定期的なレクリエーションで関係性を維持する

わたしが1on1で率直に厳しいことを言えるのも、社員たちが素直に言うことを聞いてくれるのも、結局は仲がいいからです。特にZ世代社員は仲がよくないと心を開いてくれません。仲よくなるには「雑談」が必須で、その機会を増やすにはレクリエーションが一番有効です。

そして仲よくなってからも、その温度感を維持するためにはレクリエーションを定期的に続けたほうがいいです。Z世代は、先に述べたとおり、すぐに隣の芝生が青く見えて、人間関係もすごく冷めやすいからです。

要するに、チームづくりの基本は上司と部下かつ部下同士が仲よくなること。そのために最も効果的なのがレクリエーションです。継続的・定期的に行うことで、仲のよさを持

続することができます。人間関係は生ものですから、その管理に手間ひまがかかるのは当然だし、それはZ世代も上の世代も変わりません。

わたしの会社の場合、部下同士はレクリエーションに参加すると、ごく自然に仲よくなってくれています。たとえば、普段全然しゃべらない内向きに見えるZ世代社員でも、飲み会に来たら必ず誰かと会話して、喜んで2次会にもつき合うようになります。

普段しゃべらないのは、仕事が忙しくて雑談する暇がないだけなんです。たとえば、わたしの会社の社員旅行は、基本的にみんなで一緒に移動します。貸し切りバスを使うときもあるし、電車移動のときも、みんな同じ電車に乗り込みます。なので、座席の隣同士で必ず何かと会話するわけです。移動中、暇ですから。

こういうふうに雑談の回数を重ねると、みんな自然に仲よくなります。その意味では、社員旅行は現地集合よりも、わたしの会社のようにみんな一緒に移動したほうがいいです。

レクリエーションで雑談した人とは、会社でも格段に話しやすくなります。よく社員同士でも、一度も話したことがない人に仕事の話をしに行ったら冷たくされた、というパターンがあるじゃないですか。これは仕事を進めるうえでネガティブな状態ですが、わたしの会社では、そういうコミュニケーションのロスがレクリエーションのおかげで生まれにくくなっています。

5-3 スポーツ大会は仕事では見えない面が出て、ギャップ萌えで関係が深まる

スポーツ大会は、雑談のよい機会であるのもさることながら、たとえば、上司と部下の関係性を「フラット」にする効果があります。会社の仕事においては、言うまでもなく、両者は上下関係で、たいてい上司のほうが部下よりも仕事ができます。

そんな上司と部下が同じチームに入って、何かのスポーツで他のチームと戦うわけです。スポーツが苦手な上司なら、その姿を見た部下は「自分でも勝てるところがあるんだ」と、ある意味、うれしくなって、上司に対してより親しみを感じるようになります。

わたしの会社では、バスケットボールやドッジボール、スポーツチャンバラなど、いろいろな競技をやって、ラストは必ずリレーで締めるようにしています。リレーはシンプルな分、けっこう白熱するんです。その頃には、だいぶ気心も知れて、部下たちが足の遅い上司を「もっと速く、速く、負けるだろ！」などとやじって、本当に楽しそうにしています。

1位のチームにはＡｍａｚｏｎギフトカードとトロフィーを贈っていますが、だいたい3チームに分かれて、ポイント制で争っています。**Z世代は、賞品よりも好きなものを買**

える賞金がいいんです。

チーム分けはその場で決めています。事前にチームリーダーだけを決めておいて、じゃんけんで勝ったリーダーから順に好きなメンバーを選んでいきます。

チームが決まったら課長も部長も関係ありません。みんながフラットになって、とにかくチームが勝つために頑張るわけです。出場メンバーやリレーの順番などもチームごとに、その場で15分程度の作戦会議をして決めています。この作戦会議を仕切るのは、上司たちではありません。ここでも、やはりスポーツが得意な部下たちに任せるのが良策です。

ご参考まで、直近の運動会のスケジュールを紹介しておきましょう。

10時から開会式、10時半からしっぽ取りゲーム、11時からドッジボール、昼休憩があって、13時から綱引き、14時から二人三脚、14時半からぐるぐるバット競走、15時からコーン倒し、15時半からムカデ競争、最後に16時からリレー、そして閉会式です。レンタルショップで道具を借りて、体育館を貸し切りにしても、そんなに経費はかかりません。それで夕方からみんなで飲み行くわけです。運動会が終わってから花見をしたこともありました。

ちなみに、忘年会で現金のつかみ取りをやったときには、すごく盛り上がりました。もちろん、ただのつかみ取りではありません。1000円札100枚が大きな箱に入っている。それを目隠ししてへらですくって別の小さな箱に移して、成功した分だけゲットというゲームです。Z世代社員のアイデアで、「TikTokで見たことがある」と言っていました。

アイデアを出した本人に「いいね、じゃあ、道具を用意してよ」とお願いしたら、「えーっ」と言いながらも、ちゃんと準備してくれました。

5-4 社員旅行は、コテージを借りて「全員でバーベキュー」が手軽で安上がりで満足度が高い。

スポーツ大会にしても花見にしても忘年会にしても、Z世代社員は基本的に会社のレクリエーションをSNSに上げたがります。その意味で言うと、**会社としてはZ世代がSNSで自慢できそうな「映《ば》える」レクリエーションを用意する必要がある**わけです。社員旅行も同じで、映える行き先、宿泊先を選ばないといけません。

わたしの会社の直近の1泊2日の社員旅行では、景色のきれいな淡路島のおしゃれな海辺のコテージを貸し切りにして、夕食はみんなでバーベキュー、2日目には温泉に行って、ボーリング大会で締めました。案の定、ほとんどのZ世代社員がSNSに写真を投稿していました。すると、投稿を見た同世代の人からすぐに反応があるわけです。「会社、楽しそうで、いいいな」などと。

じつは、こうした社員のSNSの投稿は採用活動にもつながります。わたしの会社の場合、それを見たのがきっかけで問い合わせをしてくるZ世代の人がけっこういます。もちろん、SNSの投稿だけでほしい人材が十分に集まるわけではないけれども、SNSで目に触れやすい会社のほうがZ世代の母集団が増えることは間違いありません。なので、社員旅行の行き先は、海、山、川といった映える写真が撮れる景色のきれいな場所がいいわけです。わたしの会社の場合、社員たちに希望を出してもらっていますが、全員参加がルールなので、参加しやすい近場に限定しています。もちろん、予算との兼ね合いもありますが。

ご参考まで、淡路島の社員旅行は現地集合でした。みんなでバーベキューの買い出しをした後、海水浴をする予定でしたが、天気が悪くて海が荒れていたので、鬼ごっこをして時間をつぶしました。夜のバーベキューではビンゴ大会や花火大会もやりました。ビンゴの商品は、もちろんAmazonギフトカードです。

Z世代は基本的にバーベキューが好きなんです。じつは大学時代から、クラスにしてもサークルにしても、新歓や試験明けなどのコンパといえばほぼバーベキューです。それで、「バーベキュー＝楽しい」のイメージが刷り込まれています。SNSでも、おしゃれなバーベキューの道具とかテントとか、けっこう映えるのでよく投稿されています。

要は、SNSの投稿では「社員旅行でフランス料理のフルコースを食べた」という贅沢《ぜいたく》そうな話よりも、「みんなでバーベキューをやった」という楽しそうな写真のほうが、Z

世代から「いいね！」がもらえるわけです。

会社としては、バーベキューはかなり安上がりなのでありがたい。焼きまくるから安いお肉で全然かまわなくて、実際、わたしの会社のZ世代社員たちは「うまい、うまい」と、本当においしそうに、楽しそうに食べています。

Z世代にしたら、楽しかった頃の気分がバーベキューで蘇るのでしょう。わたし自身、むしょうにバーベキューをしたいと思うときがあります。やったら楽しいのが確実にわかっているので。

なので、Z世代社員とのレクリエーションを何にするか迷っている上司は、とりあえずバーベキューをやっておけば、まず間違いないでしょう。雑談も盛り上がるし、ぐっと仲よくなれるはずです。

5-5 社員紹介制度は0円でできる最強の採用戦略。紹介入社は辞めにくい

わたしの会社では、採用活動として1年中、「社員紹介採用（リファラル採用）」を行っています。「誰かおらん？　友だちでもきょうだいでもいいから連れてきて」と社員みんなに声をかけています。もちろん、紹介された人とはきちんと面接をするので、不採用になる場合もありますが、全社員のうち、約90％が社員紹介で入社した人たちです。

こうした社員紹介制度を導入している会社は少なくありません。なかには「紹介してくれたら10万円出します」といった会社もあります。要は、採用活動のコストを考えたら社員紹介はすごく安上がりなんです。わたしの会社では報奨金は出していないので、経費的には0円です。

かつ、社員紹介で入社した人は辞めにくい。すぐに辞めたら紹介してくれた社員に悪いと思っているからでしょう。実際、わたしの会社で辞めた人はいまのところゼロです。

わたしは社員紹介が最強の採用方法だと思っています。人間は基本的に「類友（類は友

を呼ぶ)」です。話していて楽しい人、つるんでいて苦にならない人は結局、自分と似ています。わたしの会社の社員たちを見ても、みんなどこか似ています。社員紹介だと、そういう社員に似た人を採用できます。なので、会社のカルチャーともフィットしやすいのです。

わたしの会社では、人材紹介を依頼されたときに、必ず「社員紹介をやっていますか」と確認するようにしています。残念ながら、やっていない会社が少なくないんです。

「いい人がいたら採用したい」という程度であれば、弊社のような人材紹介業者を利用して気長に待つというのでいいでしょう。でも、「すぐに採用したい」のであれば、社員紹介からスタートしたほうがコストもかからないし、じつは確度が高いわけです。

ちなみに、わたしの会社はいわゆる求人広告を出したことが1回もありません。ただし、会社や社員のSNSの投稿を見て問い合わせをしてくる入社希望者がけっこういて、全社員のうち約10%を占めています。

そのようなSNS経由の希望者は、いわばわたしの会社のファンです。つまり、社員紹介組と同様、似ている人たちなんです。なので、会社のカルチャーとフィットしやすくて、辞めにくい。いまのところSNS組からも、離職者は出ていません。

その意味では、チームづくりは採用の段階から始まっているとも言えます。その成否は

「いかに似ている人たちを集めるか」にかかっていて、最も有効な方法が社員紹介採用です。

結局、特にZ世代の場合、仲間感が大事なんです。「この仲間に加わりたい」と思った会社に入りたいし、入社してから「仲間と一緒に働いている」という実感があれば、会社に勤め続けられるわけです。

【著者略歴】

泉澤恵一朗（いずみさわ・けいいちろう）

1995年大阪生まれ。桃山学院大学卒業後、2018年に株式会社インテリジェンス（現・パーソルキャリア株式会社）に入社。その後、独立を決意。2020年1月には株式会社デザイナーを設立し、代表取締役に就任。Z世代に特化した採用支援やZ世代の転職支援などを行い、2023年度の業績の伸びは前年比およそ300%、2024年度も前年比およそ150%と、着実に事業を成長させている。2022年と2023年に「注目の西日本ベンチャー100」に選出された。「20代専門転職アドバイザー／ヘッドハンター」としてZ世代から受けた就職・転職の相談の数は、のべ2000件を超える。フジテレビ「めざまし8」「めざましテレビ」、朝日放送「newsおかえり」、ABEMA Prime、NewsPicks「The UPDATE」など、多数出演。iU情報経営イノベーション専門職大学客員講師。

●X（旧Twitter）：
@keiichiro_sawa

●Instagram：
sawagram7

●Facebook：
泉澤恵一朗

Z世代《ぜっとせだい》はなぜすぐに辞《や》めるのか？
優秀《ゆうしゅう》な若者《わかもの》が辞《や》めない会社《かいしゃ》・上司《じょうし》のルール

2025年2月28日 第1刷発行

【著　者】泉澤恵一朗
【発行者】宇都宮健太朗
【発行所】朝日新聞出版
〒104-8011 東京都中央区築地5-3-2
【電　話】03-5541-8814（編集）
03-5540-7793（販売）
【印刷所】大日本印刷株式会社

Published in Japan by Asahi Shimbun Publications Inc.
ISBN978-4-02-332385-8